城市型风景名胜区边界区域视觉景观控制研究

Research on Visual Landscape Control of Urban National Park's Boundary Area

吴德雯 著

东南大学出版社
SOUTHEAST UNIVERSITY PRESS
·南京·

图书在版编目(CIP)数据

城市型风景名胜区边界区域视觉景观控制研究 / 吴德雯著. — 南京：东南大学出版社，2023.12
 ISBN 978-7-5766-1128-1

Ⅰ. ①城… Ⅱ. ①吴… Ⅲ. 城市—风景名胜区—景观结构 Ⅳ. ①F590.3

中国国家版本馆 CIP 数据核字(2023)第 252873 号

责任编辑：朱震霞　　责任校对：咸玉芳　　封面设计：毕　真　　责任印制：周荣虎

城市型风景名胜区边界区域视觉景观控制研究

CHENGSHIXING FENGJING MINGSHENGQU BIANJIE QUYU SHIJUE JINGGUAN KONGZHI YANJIU

著　者：吴德雯
出版发行：东南大学出版社
社　　址：南京市四牌楼 2 号　邮编：210096
出 版 人：白云飞
网　　址：http://www.seupress.com
电子邮箱：press@seupress.com
经　　销：全国各地新华书店
印　　刷：广东虎彩云印刷有限公司
开　　本：700 mm×1000 mm　1/16
印　　张：12.5
字　　数：280 千
版　　次：2023 年 12 月第 1 版
印　　次：2023 年 12 月第 1 次印刷
书　　号：ISBN 978-7-5766-1128-1
定　　价：48.00 元

本社图书若有印装质量问题，请直接与营销部调换。电话(传真)：025-83791830

前　言

　　针对当前国内"城""景"割裂，城市型风景名胜区保护忽略外部城市环境影响、城市无法共享风景资源的现状，以视觉景观分析与评价的相关方法为切入点，从三维空间对"城-景"边界区域进行重新审视与诊断。本书以视觉感知尺度为依据，将边界区域划分为宏观、中观、微观的尺度层级。根据各层级分析和评价的内容，综合运用美景度评价法、语义差异法、数理统计分析法、GIS三维分析技术、空间句法，通过综合集成法进行整合，形成视觉景观控制模型，从而实现城市共享风景资源、风景保护依托城市的双重目标。

　　本书核心内容分别从视觉景观分析、评价、控制三个方面展开论述与研究。视觉景观分析包括天际线分析、景观主导面分析、景观视廊分析、景观序列分析、空间尺度分析。视觉景观评价包括视觉景观质量评价及视觉景观影响评价。其中：视觉景观质量评价以心理物理学理论为指导，运用不同评价方法对边界区域视觉景观美景度、视觉景观特征进行评价，并建立主观感受与客观环境之间的关系模型；视觉景观影响评价主要通过GIS三维分析技术及专家评价法，对边界区域新建项目进行视觉相容性评价，并划分影响等级，为决策提供依据。视觉景观控制阶段：宏观尺度层级关注"城-景"边界区域整体形态，对天际线、景观视廊、建筑高度进行控制；中观尺度层级探讨边界区域的空间布局，包括观景点布局、路径序列组织、建筑群体布局；微观尺度层级强调行为主体在边界区域行走时的视觉体验，根据不同地理特征（山岳、平原、水体）选取典型地带进行开放建筑形式、空间形式的控制，实现自然风景向城市空间的过渡，提升城市景观品质。

  本书创新性成果如下：①提出了"城-景"互动的双向视觉景观控制理念，改变了以往单纯从风景保护的角度进行视觉景观控制研究的方式。②系统整合了"城-景"边界区域视觉景观控制方法。③构建了"城-景"边界区域视觉景观控制模型，用于指导"城-景"边界区域的规划设计。

吴德雯

2023.11

目 录

第一章　绪论 ··· 001
  1.1　关于城市与风景名胜区关联性的思考 ······································· 001
    1.1.1　城市化进程促使"城-景"关系日益冲突 ······························· 001
    1.1.2　边界区域是梳理"城-景"矛盾关系的关键 ···························· 001
    1.1.3　视觉景观控制是解决"城-景"边界区域问题的有力工具 ········ 002
    1.1.4　"城-景"边界区域视觉景观控制的研究落后于规划实践 ········ 002
  1.2　本书研究对象 ·· 003
    1.2.1　与城市视觉景观控制的区别与联系 ···································· 004
    1.2.2　与风景名胜区内部视觉景观控制的区别与联系 ··················· 005
  1.3　视觉景观控制的目标与意义 ··· 005
    1.3.1　研究目标 ·· 005
    1.3.2　研究意义 ·· 006

第二章　相关概念界定与理论方法解析 ·· 007
  2.1　边界的概念 ·· 007
  2.2　城市型风景名胜区 ··· 009
    2.2.1　概念 ·· 009
    2.2.2　分类 ·· 010
    2.2.3　特征 ·· 012
  2.3　城市型风景名胜区边界区域 ·· 013

		2.3.1 边界与分区	013
		2.3.2 概念	014
		2.3.3 基本构成	015
		2.3.4 功能	015
	2.4	视觉景观控制	017
		2.4.1 概念	017
		2.4.2 特性	018
		2.4.3 视觉尺度	019
		2.4.4 控制要素	021
		2.4.5 控制内容	022
	2.5	相关理论解析	024
		2.5.1 格式塔心理学	024
		2.5.2 景观美学	024
		2.5.3 系统论	025
		2.5.4 心理物理学	025
		2.5.5 共生理论	026
	2.6	关键技术方法解析	026
		2.6.1 综合集成法	026
		2.6.2 GIS三维分析技术	029
		2.6.3 空间句法	029
		2.6.4 SBE-SD综合评价法	030
		2.6.5 数理分析方法	030

第三章 "城-景"边界区域视觉景观控制演变过程 ········ 032

3.1	"城-景"关系发展过程	032
	3.1.1 "城-景"独立	033
	3.1.2 "城-景"协调发展	033
	3.1.3 "城-景"矛盾对立	035
	3.1.4 "城-景"交融	036
3.2	"城-景"边界区域现存问题及其根源	037
	3.2.1 现存问题	037
	3.2.2 问题的根源	037

3.3 国外城市视觉景观控制政策法规与实践 ………………………… 038
　　3.3.1 美国 ………………………………………………………… 039
　　3.3.2 英国 ………………………………………………………… 040
　　3.3.3 法国 ………………………………………………………… 045
　　3.3.4 日本 ………………………………………………………… 046
3.4 国内城市视觉景观控制政策法规与实践 ………………………… 050
　　3.4.1 香港 ………………………………………………………… 050
　　3.4.2 武汉 ………………………………………………………… 050
　　3.4.3 杭州 ………………………………………………………… 052
3.5 我国视觉景观控制面临的问题 …………………………………… 052

第四章 "城-景"边界区域视觉景观分析 …………………………… 055
4.1 天际线 ……………………………………………………………… 055
　　4.1.1 构成要素 …………………………………………………… 056
　　4.1.2 认知的变量 ………………………………………………… 061
　　4.1.3 曲折度分析 ………………………………………………… 061
　　4.1.4 层次分析 …………………………………………………… 062
　　4.1.5 动态分析 …………………………………………………… 063
4.2 景观主导面 ………………………………………………………… 065
　　4.2.1 主导空间与主导面 ………………………………………… 065
　　4.2.2 特征分析 …………………………………………………… 065
　　4.2.3 类型划分 …………………………………………………… 066
4.3 景观视廊 …………………………………………………………… 069
　　4.3.1 "视觉走廊"与"视线通廊" ………………………………… 069
　　4.3.2 景观视廊类型 ……………………………………………… 070
4.4 路径序列分析 ……………………………………………………… 072
　　4.4.1 路径 ………………………………………………………… 072
　　4.4.2 路径与视点 ………………………………………………… 073
　　4.4.3 路径空间序列 ……………………………………………… 075
4.5 空间尺度 …………………………………………………………… 076
　　4.5.1 内涵 ………………………………………………………… 076
　　4.5.2 决定因素 …………………………………………………… 078

4.5.3 尺度、尺寸、比例 ……………………………………………… 078
　　　4.5.4 广场尺度 …………………………………………………………… 079
　　　4.5.5 街道尺度 …………………………………………………………… 080

第五章 "城-景"边界区域视觉景观评价 ………………………………… 083
　5.1 视觉景观评价方法 ………………………………………………………… 084
　　　5.1.1 专家评价法 ………………………………………………………… 084
　　　5.1.2 公众感知评价法 …………………………………………………… 086
　　　5.1.3 心理物理学评价法 ………………………………………………… 086
　　　5.1.4 评价方法的确定 …………………………………………………… 087
　5.2 "城-景"边界区域视觉景观质量评价 ………………………………… 088
　　　5.2.1 美景度测量——SBE 美景度评价法 …………………………… 088
　　　5.2.2 视觉景观特征分解与量化——SD 语义差异法 ………………… 091
　　　5.2.3 建立关系模型——多元线性回归分析法 ……………………… 093
　　　5.2.4 案例验证 …………………………………………………………… 094
　5.3 "城-景"边界区域视觉景观影响评价 ………………………………… 101
　　　5.3.1 评价内容 …………………………………………………………… 101
　　　5.3.2 评价步骤与方法 …………………………………………………… 102
　　　5.3.3 视觉相容性评价 …………………………………………………… 103

第六章 "城-景"边界区域视觉景观形态宏观控制 …………………… 106
　6.1 天际线控制方法与步骤 …………………………………………………… 106
　　　6.1.1 基于 GIS 的三维虚拟环境 ………………………………………… 106
　　　6.1.2 确定观景点与虚拟视野面计算 …………………………………… 107
　　　6.1.3 天际线轮廓提取 …………………………………………………… 108
　　　6.1.4 曲折度及层次感指标计算 ………………………………………… 109
　　　6.1.5 曲折度控制 ………………………………………………………… 109
　　　6.1.6 层次控制 …………………………………………………………… 110
　6.2 景观视廊控制 ……………………………………………………………… 111
　　　6.2.1 取景 ………………………………………………………………… 111
　　　6.2.2 确定视廊长度 ……………………………………………………… 111
　　　6.2.3 形成视线通廊 ……………………………………………………… 111

6.3 建筑高度控制 ·· 113
　　6.3.1 既有建筑高度控制方法 ·· 113
　　6.3.2 "城-景"边界区域建筑高度控制 ······································ 116
　　6.3.3 案例验证 ·· 118

第七章 "城-景"边界区域视觉景观空间布局控制 ·························· 122
7.1 观景点布局 ··· 122
　　7.1.1 基于景观资源评价的目标景源筛选 ································· 123
　　7.1.2 基于可达性的观景点初步筛选 ······································· 124
　　7.1.3 基于可见性分析的观景点选址 ······································· 124
　　7.1.4 基于Q分析法的观景点选址 ··· 125
　　7.1.5 案例验证 ·· 128
7.2 景观序列组织 ··· 136
　　7.2.1 空间序列组织 ·· 136
　　7.2.2 时间序列组织 ·· 140
7.3 建筑群体布局 ··· 142
　　7.3.1 散点式布局 ·· 142
　　7.3.2 轴线式布局 ·· 143
　　7.3.3 组合式布局 ·· 144

第八章 "城-景"边界区域视觉景观形式微观控制 ·························· 149
8.1 微观视觉景观形式控制策略 ·· 149
　　8.1.1 消解与交融 ·· 149
　　8.1.2 阻隔与屏障 ·· 150
8.2 "城-景"边界区域建筑形式控制 ·· 150
　　8.2.1 建筑观景设计 ·· 151
　　8.2.2 建筑成景形式生成 ··· 156
　　8.2.3 建筑融景材料呈现 ··· 162
8.3 "城-景"边界区域开放空间形式控制 ······································· 165
　　8.3.1 水体的驳岸处理 ·· 165
　　8.3.2 地形下沉与升起 ·· 168
　　8.3.3 道路空间的植被营造 ··· 168

结　语 ·· 172

参考文献 ·· 175

附录 A　相关保护机构列表 ··· 184

附录 B　视觉景观质量评价问卷 ··· 185

第一章

绪 论

1.1 关于城市与风景名胜区关联性的思考

1.1.1 城市化进程促使"城-景"关系日益冲突

近三十年来,高速、大规模的城市化建设使得城市型风景名胜区(以下简称"风景区")数量逐渐增多,"城-景"关系发生结构性改变,"城-景"交接的边界区域出现了互有飞地、犬牙交错的用地结构,其所引发的社会问题及环境问题日益突出。一方面,城市空间不断拓展使得风景区不断被侵蚀,湖池被填埋、山峦被夷平……一系列城市新区、产业园区等新开发的人居环境使风景区范围逐渐缩小,造成"城-景"关系高度紧张;另一方面,城市空间建设无序,规划失控、工业污染等问题频发。风景区在城市扩张的巨大压力下逐渐丧失其自然的空间结构和生态效益。在此背景下,对于城市化水平较高并已进入郊区城市化阶段的大中型城市,协调"城-景"关系成为当今风景区可持续发展的一项重要课题。

1.1.2 边界区域是梳理"城-景"矛盾关系的关键

边界区域作为"城-景"交接的区域,具有双重责任、双重管理与双重矛盾的特点[1],是平衡"城-景"关系的关键,处理不当将严重制约风景区的保护和城市发展。本书通过对"城-景"关系构成及其特征进行分析,揭示景区内部与外部城市空间的互动规律和制约因素,以此对边界区域进行系统梳理,为编制规划提供依据。现阶段,"城-景"边界区域存在诸多问题,主要包括:① 土地利用不合理造成空间资源

---

[1] 吴承照,徐杰. 风景名胜区边缘地带的类型与特征[J]. 中国园林,2005(5):35-38.

浪费；② 环境问题严重；③ 景区与城市空间结构变化剧烈，缺乏衔接；④ 农村居民点缺乏有效整治与规划，景观品质较差；⑤ 人工设施建设形态过于商业化；⑥ 高层、高密度建筑群体对景区产生围堵，使边界区域临景不见景，并对风景完整性构成潜在威胁；⑦ 工业用地分布在景区周边，从根本上损毁了风景名胜区的品质。

1.1.3 视觉景观控制是解决"城-景"边界区域问题的有力工具

传统保护风景区的方法通过边界划定进行用地调整，是从二维层次进行控制，缺少从三维空间关注视觉景观品质。现阶段，在短期难以调整用地的情况下，视觉景观控制是有力工具，可从三维空间系统研究"城-景"边界区域。对于城市人居环境而言，审美需求一直是其重要内容，风景游览是风景区存在的基础，风景区的视觉景观资源是资源的重要组成部分，且具有不可再生性。在国际范围内，基于遗产保护的视觉景观控制已被运用到城市规划中，如美国的天际线控制法，英国的战略性眺望景观控制法与法国的"纺锤体"眺望控制详细规划等。然而，视觉景观的控制目标多为遗产保护，内容多为建筑高度及天际线控制。控制应该是全方位的，对景观主导面、视廊、视觉层次等的控制同等重要。在风景保护的同时，重要的风景资源如何被城市共享成为亟待解决的问题。视觉景观控制可以阻隔城市不良景观，保护景观遗产价值的完整性，还可引导景观资源为城市所共享。边界，是凝聚的缝合线，而不是隔离的屏障①。"城-景"边界区域的视觉景观分析、评价与控制的方法，能够为此类区域城市设计增加新的思考维度，并影响容量控制、空间布局与交通组织等一系列城市设计内容。

1.1.4 "城-景"边界区域视觉景观控制的研究落后于规划实践

在当今视觉景观控制理论和实践日益受到重视的背景下，某些环节仍相对薄弱。相比较而言，边界区域视觉景观控制理论研究落后于具体实践研究。大部分视觉景观控制的实践工作依靠经验完成，在受到现实条件制约时，往往采取妥协态度。在此过程中，虽不乏成功案例，但仍缺乏在同一语境下的系统总结，亦没有建立相应的方法体系。

城市型风景名胜区存在资源紧缺和资源利用的多重性特征，受城市影响严重及自身涉及的责任、权利等因素的共同作用，难以通过简单的方式解决。本书旨在突出主体，简化系统，解决问题，以资源保护与资源共享作为研究基点。本书分析并总结了"城-景"边界区域视觉景观研究中存在的如下问题。

---

① 凯文·林奇.城市意象[M].项秉仁，译.北京：中国建筑工业出版社，1990：47.

1) 概念缺乏系统梳理:"城市型风景名胜区"是什么? 近年来,很多城市型风景名胜区在快速城市化过程中形成,其数量不断增加,需要通过一系列指标进行判定,以应对未来城市发展对风景区的影响。判定指标如:与城市形态的互动关系(嵌入、包围、咬合等)及可达性等。"城市型风景名胜区边界区域"是什么? 其作用及其特征是什么? 本研究将回答上述问题。

2) 控制内容不清:边界区域视觉景观所包含的内容与要素是什么? 与城市视觉景观控制、风景区视觉景观控制有何区别? 缺乏对"城-景"边界区域视觉景观控制相关要素的系统整理。

3) 尺度界定不清:在何种尺度上进行操作? 不同空间尺度的研究对象差异性较大。

4) 评价体系尚未建立:"城-景"边界区域视觉景观评价包括哪些方面? 如何对美进行评价? 景观固有的物理属性和观者主观感知有何联系?

5) 缺乏控制方法的系统整理:没有明确提出"城-景"边界区域视觉景观控制的主要步骤和方法。

城市型风景名胜区边界区域视觉景观研究问题体系见图1-1。

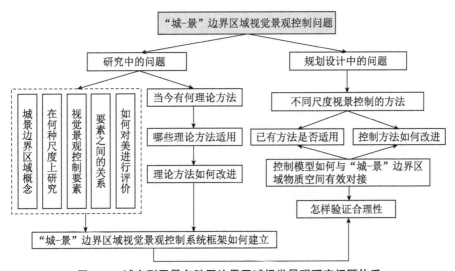

图1-1 城市型风景名胜区边界区域视觉景观研究问题体系

1.2 本书研究对象

本书的研究对象为我国现有的10个隶属综合性大城市的风景名胜区,具体研究范围限定在城市型风景名胜区边界线外的城市空间,具有一定宽度(1 200 m 以内),介于风景区与城市的缓冲过渡地带,属于城市规划范畴。"视觉景观控制"明确了研究主体——即以视觉景观控制为工具解决"城-景"边界区域问题。从 UNESCO[①] 的角度看,风景名胜区具有自然文化双重遗产的特征,亦可视为文化景观。从 IUCN[②] 的角度来看,风景名胜区是广义的国家公园,同时具有自然类和遗址类特征。风景区为多重属性综合体,以自然属性和人文属性为主,为集文化、生态、社会、经济和科学等多重价值于一体的价值综合体,是我国保护性用地系统的典型代表[③]。城市型风景名胜区紧邻城市,其保护与城市发展问题具有复杂性和矛盾性,城市发展与风景区问题日益严重,对城市型风景名胜区边界区域的问题研究更具现实意义。本书的研究适用性很强,较为深入地研究了受城市化入侵的保护性用地边界区域的共性问题,中国自然文化遗产地保护体系见表 1-1。

表 1-1 中国自然文化遗产地保护体系

类别	创立时间	分级体系	目前主管部门
国家自然保护区	1956 年	国家、省、市、县	国务院环境保护行政主管部门与林业、环保、农业、海洋、国土资源、城建、水利等分部门共同管理
国家级风景名胜区	1982 年	国家、省、市(县)	国务院建设主管部门
国家历史文化名城、名镇、名村	1982 年	国家、省、自治区、直辖市	国务院建设主管部门、国务院文物主管部门
全国重点文物保护单位	1962 年	全国重点	文物行政部门
国家级森林公园	1982 年	国家级、省级、县市级	国家林业局
国家地质公园	2000 年	国家、省、市、县	国土资源
世界遗产	1986 年		教科文全委会,住房和城乡建设部,国家文物局

本书中边界区域视觉景观研究与城市、风景区的区别与联系体现在:

1.2.1 与城市视觉景观控制的区别与联系

与一般意义的城市区域不同,将风景遗产与城市存在冲突的区域作为研究对

---

① 联合国教科文组织(United Nations Educational, Scientific and Cultural Organization)。
② 国际自然保育联盟(International Union for Conservation of Nature)。
③ 我国的风景名胜区与 IUCN 的第二类保护区国家公园(National Park)较为类似,风景名胜区也称风景区,海外的国家公园相当于国家级风景名胜区。

象,其根本意图在于深层次保护遗产,使其得以延续,以至繁荣。"风景+名胜"见证的不仅仅是人类文明,还包括人类赖以生存的地球环境。同时需要关注旅游目的地的属性,营建动态观景体验氛围。

1.2.2　与风景名胜区内部视觉景观控制的区别与联系

风景区内部的控制研究仅针对风景资源(自然资源和文化资源),而边界区域亦与城市环境产生了千丝万缕的联系,需要考虑用地结构、交通组织、建筑群体与绿地景观等一系列内容。

此外,观赏方式可分为"自景观城"和"自城观景"(图1-2)。"自景观城"偏重保护,防止城市建筑对景区造成的视觉污染,例如西湖、东湖风景名胜区,人们可以从不同视点全景式阅读城市的轮廓形态,形成对城市的整体景观印象。在这个互动的观赏过程中,通过视觉景观分析与评价,控制边界区域的建筑高度、天际轮廓线等。在"自城观景"的体验中,更注重观赏者在边界区域的动态行为路径,视点分布与景源关系的规律性把握,以实现景区资源与城市共享为研究目标。

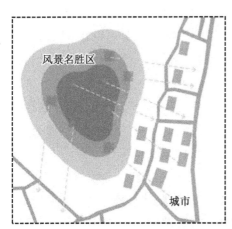
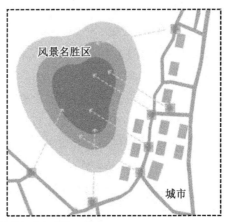

图1-2　"自景观城"与"自城观景"示意图

1.3　视觉景观控制的目标与意义

1.3.1　研究目标

在本书"城-景"边界区域视觉景观控制的研究中,既有对现有环境优化调整的目的,又包括对新建项目视觉景观进行控制的目的。

学术层面：1）厘清城市与风景名胜区关系的发展历程和边界区域的相关理论。2）将视觉景观评价、控制的内容（审美控制）与边界物质空间布局规划整合。3）从视觉景观的角度探讨"城-景"关系，确定控制内容及相互关系，构建理论体系。

应用层面：1）形成"城-景"边界区域视觉景观控制导则及相应的法规文件，指导风景区边界区域城市设计。2）视觉景观控制的整体目标：实现风景的视觉景观保护；风景的视觉景观资源为城市共享，即城市如何为风景遗产创造本体环境，使其不会因保护而萎缩。视觉景观控制的分目标：满足视觉可达性；观景点及观景线路的选取；对整体形态进行控制，避免消极影响。

1.3.2 研究意义

理论意义：城市型风景名胜区面临快速城市化的侵蚀，"城-景"边界区域存在的问题缺乏系统的梳理，解决问题的有效方法和途径有待进一步研究。视觉景观是在某一特定区域能够带给观察者较强的视觉感知、视觉印象的地理实体[①]，其作为媒介可在很大程度上改变"城-景"相互割裂的研究现状，完善作为遗产区域周边城市设计的方法，充实风景名胜区理论体系，深化风景园林学科内涵。内容具体包括：

1) 以视觉景观分析和评价的相关方法为工具，从风景保护和城市资源共享两个角度进行理论梳理与方法探讨，促进城市与风景区的关联性研究，拓展学科研究范畴与内涵。

2) 通过视觉景观控制的内容及相应方法，针对"城-景"边界区域，建立视觉景观模拟控制系统（审美系统），并实现与城市设计系统（物质空间系统）的整合，形成新的规划方法体系，从而充实风景名胜区规划的基础理论。

实践意义：通过"城-景"边界区域的视觉景观分析、评价与控制方法的研究，全面整合相关控制方法与内容，形成系统模型；同时将其嵌入城市设计框架中，形成规划控制导则，真正实现基于"城-景"整体性的规划设计，对于提升城市空间品质、改善人居环境以及科学合理地保护风景名胜区具有较强的现实意义。具体包括：

1) 通过数字化技术进行视觉景观的引导与控制：改变"临景不见景"的现状，实现风景资源为城市共享，提升城市空间品质。

2) 通过视觉景观控制系统反观边界划定、管理及边界区域的城市空间布局，为调整边界提供依据，使城市环境更好地支持风景名胜区的保护。

---

① Daniel T C. Whither scenic beauty? Visual landscape quality assessment in the1st century[J]. Landscape and Urban Planning，2001，54(1-4)：267-281.

第二章
相关概念界定与理论方法解析

现阶段"城-景"边界区域认知概念含混,如边界与范围、界限、边缘等概念的混淆;边界区域与边缘区、缓冲区的区别与联系。在不同领域对边界进行界定有助于对"城-景"边界区域的概念有更深层次的理解。

2.1 边界的概念

边界在英文中译为 boundary、border 或 edge①,中文中也可称为边缘、边境、界限、界线等,本研究首先从《牛津高级英汉双解词典》《韦氏高阶美语英汉双解词典》《牛津英语词典》《辞海》《现代汉语大辞典》中考察边界的相关含义(表 2-1)。

表 2-1 词典释义

词典	英文释义	中文释义
《牛津高级英汉双解词典》	a real or imagined line that mark the limits or edges of sth. and separates it from other things or places; a dividing line	边界、界限、分界线
《韦氏高阶美语英汉双解词典》	something that indicates bounds or limits, as a line	分界线、边界
《牛津英语词典》	That which serves to indicate the bounds or limits of anything whether material or immaterial, also the limit itself	用于表示任何物质或非物质的界限或限制,并限制其自身

---

① border 的英文释义为 the line that divides two countries or areas; the land near this line;中文解释为国界、边界、边疆、边界地区。edge 被解释为 the outside limit of an object, a surface or an area; the part furthest from the centre;中文解释为边、边缘、边线、边沿。

(续表)

词典	英文释义	中文释义
《辞海》		将"边界""边际"和"边缘"等同看待
《现代汉语词典》		地区和地区之间的界限；不同事物的分界

从上述词典的解释可以看出，边界最主要的意义是界定事物或者地区之间的差异，不同事物或者地区之间物质或者非物质的差异都会形成边界。边界限定了事物或者地区的某种属性，也因此集中凸显了该属性。边界不同于一般意义的终点，在很多情况下也具有起点的含义。此外，本书认为"边界"对应英文中的boundary较为合理，而"边缘"则对应edge、fringe、verge更为恰当（表2-2）。

表2-2 边界概念辨析

名称	辨析
边界与边缘	边界承认动态性、弹性和开放性，表达了一种关系；边缘则是消极的和被动的，表示"在外"。边界是双向的，更多的是强调"内外之间"。而边缘则是单向的，缺乏"关系"的含义
边界与界限	界限与边界大体相同，区别在于词性上界限有强制性，而边界有互动性
边界与范围	范围在构成要素形式上属于面状形态，而边界为线状形态

"边界"在不同领域都是一个重要的概念，其界定也存在差异（表2-3）。边界的概念不仅是探讨各个学科理论问题的重要基础，其本身也是颇受重视的研究对象，为本书"城-景"边界区域的研究提供了跨学科、跨领域研究的理论参考。

表2-3 相关领域边界概念

相关领域	概念
生物学	细胞壁作为"边界"，是细胞保护膜以及与外界进行能量交换的媒介
地理学	国家与地域之间的划分
心理学	边界效应
社会科学	社会和文化边界的形成与瓦解一直是社会学界和人类学界关注的重点
生态学边界	相邻两个群落之间的交错带①。在特定时空尺度下，相对均质的景观之间所存在的异质景观

---

① Gosz提出5个等级的生态交错带类型，依次为植物交错带（plant ecotone）、种群交错带（population ecotone）、斑块交错带（patch ecotone）、景观交错带（landscape ecotone）和群区交错带（biome ecotone）。

(续表)

相关领域	概念
园林边界域	两种不同属性的景观实体（例如廊、道路、墙体）相接时产生相互作用的特定区域
城市边界	城市作为一个有组织的整体，在与外界环境的相互作用中能够自我调整、控制的一定作用范围的内在规定性
城市绿地边界	绿地与周边环境的交界，即两种媒介的结合处
城市中的边界	城市中的异质空间，具有方向性、不可穿越性、连通性和记忆性
建筑边界	介于室内外之间，既不制约内外，也不孤立内外，是过渡空间、连接空间、媒介空间。如灰空间①、中介空间

2.2 城市型风景名胜区

2.2.1 概念

2008年颁布的《风景名胜区分类标准》（CJJ/T 121—2008）中指出，城市风景类（urban landscape）风景名胜区位于城市边缘，建有城市公园绿地、日常休闲、娱乐功能的风景名胜区，其部分区域可能属于城市建设用地②。《中国大百科全书·建筑·园林·城市规划》中将城市风景区定义为"同城市毗连，或接近市区并和市区有便捷的交通联系，可供游览观赏风景名胜区的地区"。王根生、罗仁朝认为城市型风景名胜区是指与其所依托的城市空间交错，功能互补的风景名胜区。现阶段，我国的国家级风景名胜区③有225处，其中城市型风景名胜区有43处，约占总体的20%。由于城市紧邻风景区，景区周边往往成为城市建设的热点区域，其保

---

① 黑川纪章用灰空间追求一种边缘的、不确定的空间，在一定程度上淡化了建筑内外空间的边界，使两者成为一个有机整体，边界在建筑空间序列中起到过渡、连接、转化和衬托的作用，其形式多以开放和半开放为主。

② 我国的风景区大多没有明确的范围界定，尤其是城市型风景区，与城市的工厂企业、居住区、城市公共服务设施等的界线往往较为模糊。

③ 自1982年起，国务院总共公布了8批、225处国家级风景名胜区。其中，第一批至第六批原称国家重点风景名胜区，2007年起改称中国国家级风景名胜区。逐次分别是，第一批：1982年11月8日发布，共44处；第二批：1988年8月1日发布，共40处；第三批：1994年1月10日发布，共35处；第四批：2002年5月17日发布，共32处；第五批：2004年1月13日发布，共26处；第六批：2005年12月31日发布，共10处；第七批：2009年12月28日发布，共21处；第八批：2012年10月31日发布，共17处。

护管理与城市发展之间的矛盾较为突出,对城市型风景区的发展影响较大。据粗略统计[①],城市型风景区与所在城市中心的平均距离约 10 km。

2.2.2 分类

城市型风景名胜区主要有两种分类方式,按照风景区的传统分类,可以分为山岳型、海滨型、湖泊型、史迹型、江河型和综合型(表 2-4);按照城市型风景名胜区与城市之间的空间关系可以分为包围式、嵌入式、咬合式、独立式四种类型,其中有 10 个隶属综合性大城市的风景名胜区(表 2-5、图 2-1)。

表 2-4 国家级风景名胜区中城市型风景名胜区分类

风景类型	城市型风景名胜区	景区图片
山岳型(5个)	连云港云台山风景名胜区,泉州清源山风景名胜区,青岛崂山风景名胜区,长沙岳麓山风景名胜区,广州白云山风景名胜区	长沙岳麓山风景名胜区
海滨型(4个)	秦皇岛北戴河风景名胜区,兴城海滨风景名胜区,大连海滨—旅顺口风景名胜区,三亚热带海滨风景名胜区	兴城海滨风景名胜区
湖泊型(7个)	吉林松花湖风景名胜区,蜀岗瘦西湖风景名胜区,杭州西湖风景名胜区,武汉东湖风景名胜区,岳阳楼洞庭湖风景名胜区,惠州西湖风景名胜区,昆明滇池风景名胜区	杭州西湖风景名胜区

---

① 利用 Google Earth 测距工具。

(续表)

风景类型	城市型风景名胜区	景区图片
史迹型(4个)	承德避暑山庄外八庙风景名胜区,诸暨市浣江—五泄风景名胜区,洛阳龙门风景名胜区,青城山—都江堰风景名胜区	承德避暑山庄外八庙风景名胜区
江河型(2个)	丹东鸭绿江风景名胜区,桂林漓江风景名胜区	桂林漓江风景名胜区
综合型(3个)	长春八大部—净月潭风景名胜区,南京钟山风景名胜区,厦门鼓浪屿—万石山风景名胜区	厦门鼓浪屿—万石山风景名胜区

表 2-5 国家级风景名胜区中城市型风景名胜区与城市关系分类

类型	风景区名称	距离市中心	隶属城市类型
包围式	广州白云山风景名胜区	17 km	综合型大城市
	南京钟山风景名胜区	9 km	综合型大城市
	武汉东湖风景名胜区(包围+嵌入)	2 km	综合型大城市
	扬州蜀岗瘦西湖风景名胜区	3 km	中小型城市
	鼓浪屿—万石山风景名胜区(特殊的包围式)	5 km/2 km	综合型大城市
嵌入式	杭州西湖风景名胜区	1 km	综合型大城市
	昆明滇池风景名胜区(嵌入+独立)	10 km	综合型大城市
	泉州清源山风景名胜区	3 km	中小型城市
	长沙岳麓山风景名胜区	3 km	综合型大城市
	惠州西湖风景名胜区	5 km	中小型城市

(续表)

类型	风景区名称	距离市中心	隶属城市类型
咬合式	青岛崂山风景名胜区	40 km	综合型大城市
	桂林漓江风景名胜区	23 km	综合型大城市
	丹东鸭绿江风景名胜区	1 km	中小型城市
	大连海滨—旅顺口风景名胜区	8 km/45 km	中小型城市
	三亚热带海滨风景名胜区	3 km	旅游型城市
独立式	兴城海滨风景名胜区(独立+嵌入)	4 km	旅游型城市
	岳阳楼洞庭湖风景名胜区(独立+嵌入)	4 km	旅游型城市
	青城山—都江堰风景名胜区(独立+嵌入)	3 km	旅游型城市
	秦皇岛北戴河风景名胜区	1 km	旅游型城市
	长春八大部—净月潭风景名胜区	18 km	综合型大城市
	承德避暑山庄外八庙风景名胜区	1 km	旅游型城市
	诸暨市浣江—五泄风景名胜区	20 km	旅游型城市
	连云港云台山风景名胜区	42 km	中小型城市

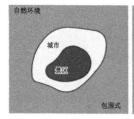  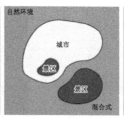 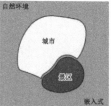

图 2-1 城市与风景区关系示意图

2.2.3 特征

与普通风景名胜区相比，城市型风景名胜区具有如下特征[①]：

1) 资源的双重性，包括物质的和精神的(如选址背后的文化内涵)，自然景观和人文景观互相有机的融合，具有一体化特色；

2) 园林文化深厚，受节假日影响大，包括直接在景区中建设古典园林、以园林

---

① 其中前8条特征引自贾建中，邓武功. 城市风景名胜区研究(二)：与城市协调发展的途径[J]. 中国园林，2007(12)：75-80。作者进行适当修改与补充。

化手法营建景区，创造一种园林式的意境，如西湖十景。节日活动是古代市民重要的游憩活动，在城市型风景名胜区中延承至今；

3）面积相对较小，风景类型较集中；

4）具备旅游服务与游憩双重功能；

5）与城市发展目标基本一致，呈互动发展趋势，能提升城市形象；

6）与城市的关系为融合、毗邻、独立或多种发展方式并存；

7）受城市基础设施建设影响较大，依托城市，一般基础设施良好，住宿、餐饮等旅游接待设施齐全；

8）受城市发展影响，有许多环境问题（噪声、废气、污水废弃物）；

9）区位条件好，交通设施齐全，方式多样，但旅游旺季"城""景"互相造成交通压力；

10）居民增加迅速，游客总量大，密度较高。

2.3 城市型风景名胜区边界区域

2.3.1 边界与分区

在对"城-景"边界区域进行界定之前，首先从分区的视角进行梳理。从广义上讲，在国际上保护性用地的研究中边界（boundary）与分区（zoning）的关系十分密切。分区包括大分区和小分区：大分区是指风景区内外的地域性分区；小分区是指风景区内根据资源的价值、类型、空间分布及其保护利用性质，划分若干功能区[①]。自然保护区的"核心区—缓冲区—过渡区"和保护性用地的"核心区—缓冲区"体系，都是"大分区"的概念，不同于风景名胜区总体规划中的分区。本书研究的边界区域在某种意义上相当于"大分区"。而谈到大分区，必然涉及"核心区—缓冲区"和"核心区—缓冲区—过渡区"体系，其体系的发展历程有助于本书明晰"城-景"边界区域的深刻内涵。

20世纪30年代，有研究者倡导通过建立缓冲区来减轻自然保护区外的人类活动对自然保护区的影响[②]。Shelford正式提出"buffer zones"（缓冲区）这一术语。到了20世纪80年代初，世界上已有近50个国家接受这一概念并在自然保护

---

① 谢凝高.世界遗产的保护与利用[J].旅游学刊，2002，17(6)：8-9.

② Wright G M, Joseph S D, Ben H T. Fauna of the national parks: a preliminary survey of faunal relations in national parks[M]. Washington DC: US Government Printing Office, 1933: 157.

区建立了缓冲区,伴随全球经济迅速发展,为解决保护区内部及周边居民生活及发展需求,UNESCO提出了生物圈保护区的三分区模式,即"核心区(core)—缓冲区(buffer zone)—过渡区(transition zone)"模式①。这种模式是目前我国提倡采用的保护区模式,缓冲区相当于内部缓冲区②,旨在减少自然保护区对土地的占有,但若在缓冲区内开展经济生产活动,内部缓冲区的设置实际上缩小了自然保护区的有效面积。过渡区③相当于外部缓冲区,在管理要求上相对放松,工作可利用性增强,但不允许有污染以及大面积改变原有景观形式。缓冲区按功能划分为两类:一类是"延伸缓冲(extension buffering)",是从保护生物角度出发,为满足动植物栖息需求的核心区的延伸;另一类是"社会缓冲(socio-buffering)",是为满足当地人生活需求,为当地人民提供食物和服务的缓冲④。现阶段我国的风景名胜区绝大多数外围保护地带属于"社会缓冲"。我国的风景名胜区规划范围相当于"核心区+缓冲区"。外围保护地带范围相当于"过渡区",也是缓冲区的一种重要形式,功能主要是"社会缓冲",而"延伸缓冲"的主要功能都在风景名胜区规划范围内实现。

许多国家针对国家公园采用了其他的大分区体系,如:加拿大国家公园主要分为严格保护区、重要保护区、限制性利用区和利用区;日本和韩国的国家公园分为重要保护区、限制性利用区和利用区。上述分区本质基本相似,都是为明确土地利用提供科学依据。对于城市型风景名胜区而言,使用"三区"的概念需要探讨其适用范围。

2.3.2 概念

通过上述对不同词典、相关领域对边界的界定,对城市型风景名胜区概念、分类、特征的总结,本书将城市型风景名胜区边界区域定义为"风景名胜区"与"城市"在相互邻接时产生相互作用的一个特定区域,包括紧邻风景区边界内的区域与风景区边界外的区域。前者是风景名胜区总体规划中的控制范围,后者属于城市规划范畴,具有一定宽度,介于风景区与城市的过渡地带,受到城市经济社会发展的直接影响,在复杂的内外力共同作用下,其土地利用、居民点发展、自然景观等方面

---

① UNESCO. Action plan for biosphere reserves[J]. Nature and Resources,1984(20):1-12.
② 缓冲区可分为两类,即内部缓冲区(位于自然保护区内部近边界处)及外围缓冲区(位于自然保护区外围近边界处)。
③ 从广义上讲,过渡区仍可归入缓冲区的范畴。
④ Mackinnon J. Managing protected areas in the tropics[M]. Gland:IUCN,1986.

城市化倾向比较明显。边界的意义在于管理,边界区域对风景区起到一定的缓冲、过渡作用,既有保护的意义又有沟通的意义。当今对于某些风景名胜区而言,外部的影响已经超过了内部。1985年颁布的《风景名胜区管理暂行条例》有预见性地提出了设置外围保护地带①的要求。虽然2006年颁布的《风景名胜区条例》出于行政管理事权的考虑取消了这一规定,但是风景名胜区外围保护地带对于保护景观特色、维护自然环境、生态平衡、防止污染和控制不适宜的建设是必需的②。因此,笔者认为可以根据实际需要在风景名胜区外划出一定范围的控制地带,尽管这些地区不受风景名胜区管理部门管理,但是从风景名胜区保护角度提出相关的要求有利于各种规划间的衔接,也是"统筹城乡、区域协调"原则的体现。

2.3.3 基本构成

1)"城-景"边界区域的两大功能。边界区域具有风景名胜区资源保护的功能,以及与城市沟通的功能。

2)城市型风景名胜区边界区域两大项内容:其一是边界的位置确定(由资源的重要性决定);其二是边界区域的形态(开放程度和虚实关系)和形式(结构形式和材质运用)。

3)"城-景"边界区域相关的三个空间对象。边界区域位于风景区和城市之间,因此在空间上,除涉及自身之外,还涉及内外两个空间对象。

4)"城-景"边界区域的四个景观构成要素。边界区域作为景观研究对象,其构成要素大致可分为生态环境、历史文化、视觉景观、社会经济四个方面。其中,生态环境、历史文化、视觉景观主要与资源保护功能相关,而社会经济主要与利益协调功能相关。本书主要针对视觉景观这一构成要素进行研究。

2.3.4 功能

"城-景"边界区域主要具有两个功能:一是资源保护与资源共享,将外来影响限制在风景区外。此功能主要体现在视觉景观控制方面,边界区域是对外部建设形态控制的基础,同时可以通过边界的形态和形式对视觉景观进行阻隔或引导。在管理机制上可与城市建设相关部门协调,进行边界区域规划建设的形态控制。二是社区发展与协调,向区内居民提供利益补偿。主要体现在经济方面:需合理确

---

① 在我国风景名胜区体系下,缓冲区又叫"外围保护地带",两者可以等同。
② 王秉洛.中国风景名胜区中的历史文化资源[J].中国园林,1985(2):19-21.

定边界区域内的社区,并改善居民的社会经济状况,以减少其对风景名胜区自然资源的利用;为当地丧失进入风景名胜区机会的人们提供补偿;增加经济收益,如从事旅游服务业、被风景名胜区相关机构雇佣等;开展特色产业,将收益返给当地居民。

(一) 功能的内在联系

城市型风景名胜区边界区域发挥资源保护功能的三种途径。途径一:价值完整性的保护。边界区域的生态环境、历史文化、视觉景观与风景区内对应要素之间往往有着千丝万缕的联系,如果这种联系构成了风景区的价值,那么边界区域在风景区价值完整性保护方面具有重要意义。途径二:区域连通性的保护。区域联系方面,边界区域的生态环境、历史文化、视觉景观可以作为廊道或基质,联系风景区与城市对应要素。途径三:背景环境的保护。这一途径是边界区域最基本的功能,边界区域需要为风景区生态环境、历史文化、视觉景观提供自然健康、和谐统一的背景环境。

城市型风景名胜区边界区域发挥社会经济功能涉及三种利益相关者,包括边界区域当地社区、风景区管理机构和区域相关机构。边界区域当地社区的社会经济是当地生产、生活的表现,往往是实现当地社区利益补偿的主要空间。边界区域内的风景区相关社会经济在于吸纳从风景区转移出来的开发利用资源,减轻对风景区的压力,在这一过程中,边界区域可以看作是将风景区内的开发不断向外拓展的通道。边界区域相关社会经济在于抵御区域社会经济进一步向风景区渗透,将其限制在边界区域。

(二) 功能的相互关系

城市型风景名胜区边界区域两大功能有相容性。判断一个边界区域是否运作良好,不仅在于判断边界区域的资源保护功能和社会经济功能各自是否发挥好,更为重要的在于判断两大功能之间的相容性程度。相容性往往可以落实到具体空间中,即资源保护功能的载体——边界区域的生态环境、历史文化、视觉景观,与社会经济的载体——边界区域三大利益相关者的人类活动、人工设施建设和土地利用,两者之间的相容性程度决定两者是否存在冲突。

城市型风景名胜区边界区域两大功能的综合权衡。边界区域保护管理的关键在于处理好两大功能的综合权衡。边界区域社会经济活动应限制在生态环境、历史文化、视觉景观所能承载的干扰范围内。当超出承载范围,有必要对风景区资源保护和社会经济利益进行价值判断和权衡,包括资源保护价值的大小、社会经济利益相关方的分析,并在此基础上对社会经济活动进行反馈和修改。

2.4 视觉景观控制

2.4.1 概念

"景观"为外来词,国外学者对"景观"的研究有地理、生态、美学、文化遗产等多个视角,不同的学科对"景观"这一概念有不同的表述。地理学家把景观定义为一种地表景象;建筑师把景观作为建筑物的配景或背景;生态学眼中的景观是一个对任何生态系统进行空间研究的生态学标尺;而艺术家则把景观作为表现的对象,含义大致等同于"风景"[1]。2000年《欧洲景观公约》给出了这样的定义,"(景观是)人们感知到的,以自然因素和(或)人为因素作用及相互作用结果为特征的场所",可见景观的内涵十分丰富。景观不仅包括可被视觉识别的自然和人工要素,还包括非视觉的生态功能、历史文化价值、娱乐功能,以及嗅觉、味觉等[2]。

不少已有的研究聚焦于景观的视觉属性,且使用了"视觉景观"这一术语[3],但是缺乏明确的定义。视觉景观是在某一特定区域能够带给观察者较强的视觉感知、视觉印象的地理实体[4]。刘滨谊认为视觉景观是现代景观规划设计三元素的重要组成部分(还包括环境生态绿化、大众行为心理),主要是从人类视觉形象感受要求出发,根据美学规律,利用空间实体景物,研究如何创造舒适的人居环境,并且基于景观美学理论的基础进行研究[5]。本书主要从视觉体验出发探讨"城-景"边界区域的景观,采用视觉景观的表述是强调视觉在"城-景"边界区域景观体验中的主导地位。

对于景观设计来讲,对美的追求是永恒的主题,人们希望看到并居住在一个优美的环境中而避免接触到丑陋的环境[6]。在许多发达国家,优美的视觉景观如水、

---

[1] 林广思. 景观词义的演变与辨析(2)[J]. 中国园林,2006(7):21-25.
[2] Panagopoulos T. Linking forestry sustainability and aesthetics[J]. Ecological Economics,2009(10):2485-2489.
[3] 相关研究参见文后"参考文献":Ayad,2005;Daniel,2001;Fry,2009;Palmer et al,2001;Schmid,2001;Tveit,2006.
[4] Daniel T C. Whither scenic beauty? Visual landscape quality assessment in the 1st century[J]. Landscape and Urban Planning,2001(54):267-281.
[5] 刘滨谊. 现代景观规划设计[M]. 南京:东南大学出版社,2010:323.
[6] Gobster P H, Nassauer J I, Daniel T C, et al. The shared landscape:what does aesthetics have to do with ecology?[J]. Landscape Ecology,2007,22(7):959-972.

土壤和矿产同样被看作一种重要的环境资源①。在国内,视觉景观也受到了广泛的重视,甚至有的学者开始提出疑问,将过度美化城市的行为斥其为"城市美化运动"②。然而中国城市视觉景观的问题并不是"过度美化"的问题,而在于:一是美的评判者,很多情况下"美"的评判者并不是景观的多数使用者(即公众),而主要是设计师和项目决策者(尽管设计师和决策者在进行项目设计时也考虑了民众的审美需求,但总体来看缺乏民众的直接参与),而他们的审美可能受到某种功利(如设计方案的出奇制胜,项目实施的社会影响和政绩)的影响;二是重建设轻保护,许多原本优美的景观资源无法得到有效的保护与利用,甚至被破坏,之后再根据设计师或决策者的审美趋向进行景观重建。

控制在传统观念中意味着限制和禁止,而现代控制理念则源于生物学及系统科学,指控制的主体基于对象一定的刺激和干预,使其按照预定的方向发展。J.布莱恩·麦克劳林认为:"控制能够使偏离目标的变化维持在可允许的限度之内"③。基于此,视觉景观控制可以这样界定:视觉景观控制并不仅仅意味着狭义的限制发展,而是为了更好地保护和利用,针对边界区域建成环境的不利因素进行调整,不断完善;对于人们不熟知而又不可避免的新的现象和趋势进行合理的引导和管理,把边界区域新开发的随意性降低到一个可以允许的限度之内,使其能够保持独特的视觉景观品质,使人的视觉需求与空间定位具有一致性,其目的在于更有效地引导和规范再开发建设,更好地保护"城-景"边界区域的个性和特性,为人们提供一个有序的、易识别的人居环境。

2.4.2 特性

(一) 开放性

视觉景观并非静止而封闭,在其内部,各种景观要素之间不断进行着沟通与联系。同时相对于其外部而言,视觉景观则与其他事物一样处在不停的运动与变化中,通过各种方法与途径对周围环境(包括自然环境与人文环境)进行吸收和渗透。因此,边界区域视觉景观具有明显的景观开放性与运动性。

---

① Kane P S. Assessment landscape attractiveness: a comparative test of two new methods [J]. Applied Geography, 1981(1): 77-96.

② 俞孔坚,吉庆萍. 国际"城市美化运动"之于中国的教训(上):渊源、内涵与蔓延[J]. 中国园林, 2000(1): 27-33.

③ J. 布莱恩·麦克劳林. 系统方法在城市和区域规划中的应用[M]. 王凤武,译. 北京:中国建筑工业出版社, 1988:149.

(二) 不可复制性

风景名胜区的视觉景观往往具有不可复制性。《保护世界文化和自然遗产公约》中强调的两项原则是遗产项目的真实性和完整性，其中真实性就表现为景观的不可复制性。若为了某种目的将景观移动或复制，景观便失去其赖以产生和存在的自然与文化背景，也丧失了其作为文化和自然遗产最宝贵的价值。

(三) 景观的共享性

视觉景观不仅表现在其所在的区域，一定程度上某区域之外同样可以观赏，而且无论所有者或生产者同意与否，这种共享性始终存在。共享性还表现在视觉景观被破坏后造成环境恶化，这种负面效应也应共同承担。

2.4.3 视觉尺度

沈福煦在《视象尺度问题的初步分析》一文中，对视距衰变现象做过精确的定量分析。视觉衰变现象对视觉景观的作用主要体现在，随着衰变作用的强烈，景色会失去景深感，变得平面化。近景的空间呈立体效果，中景的空间呈透视效果，远景的空间趋向平面，类似图片的正投影。原因在于中景会随着最近一点的视距而不断增大，因此三者的范围并非固定不变，而是有一个渐变的过渡范围。

在"城-景"边界区域视觉景观控制的研究中，尺度十分关键，关系控制方法的选取和信息收集，是研究的起点和基础。不同空间尺度的研究对象差异较大。不同的时间尺度中，"正确"的决策可能变成错误。但具体的尺度划分存在多种选择：可根据生态板块的尺度将边界区域进行分段确定分析尺度，如针对自然区域，生态系统的结构与功能研究可以分为斑块、景观和区域等尺度水平；针对城市环境，可按照城市尺度、社区尺度、街区尺度等进行研究；也可以按视觉识别距离，将边界区域划分为圈层结构，视具体情况而定。由于本书是对"城-景"边界区域进行视觉景观控制，因此以视觉尺度进行划分，并系统梳理了已有研究中对于视觉尺度的划分方式(表 2-6)。

表 2-6 建筑与风景视觉尺度划分

建筑视觉距离划分				
提出者	建筑细节	建筑与环境关系	建筑单体轮廓	建筑群轮廓尺度
H. 布鲁曼菲尔特	$\tan 45° D/H=1$		$\tan 27° D/H=2$	$\tan 18° D/H=3$
划分依据：根据视点距离(D)与建筑高度(H)之比来衡量				

(续表)

建筑视觉距离划分				
提出者	建筑细节	建筑与环境关系	建筑单体轮廓	建筑群轮廓尺度
王其亨	百尺为形 23 m<D<35 m		千尺为势 230 m<D<350 m	
划分依据：以人体为准的尺度系统，并以十进制为基础，由室内空间尺度外延形成，即由尺而丈(10尺)，再而百尺(10尺×10尺)、千尺(10尺×10尺×10尺)				
熊明	强场 D<30 m 1<H/D 1<L/D 90°<β 45°<α	均衡场 30 m<D<300 m 1/2<H/D<1 1<L/D<2 60°<β<90° 30°<α<45°	弱场 300 m<D<600 m 1/4<H/D<1/2 1/2<L/D<1 15°<β<30° 30°<α<60°	虚场 600 m<D H/D<1/4 L/D<1/2 β<30° α<15°
划分依据：将建筑对人的心理影响程度定义为"场"				
F.吉伯德	D≤24.38 m	D≤137 m		1 219 m<D
划分依据：依据人体尺度进行丈量				
芦原义信	20 m<D<30 m	D<100 m	D<600 m	D<1 200 m
划分依据：人的视觉识别距离				
海吉曼 匹兹			$\tan 27°D/H=2$	$\tan 18°D/H=3$
根据视点距离(D)与建筑高度(H)之比来衡量				
风景视觉距离划分				
名称/提出者	整个风景地域 或主要部分	风景单元整体 概貌或主要部分	风景单元局部景观	
美国VRM视觉 资源管理系统	D≤800 m	800 m≤D≤3 200 m	3 200 m≤D	
划分依据：景观视觉敏感度				
刘滨谊	D≤400	400≤D≤5 000	5 000 m≤D	
划分依据：景观视觉敏感度				
齐童	D≤600 m	600 m≤D≤1 000 m	1 000 m≤D	
划分依据：视域影响范围				
孙善芳	D≤300 m	300 m≤D≤1 500 m	1 500 m≤D≤3 000 m	
划分依据：视域影响范围				

注：β为水平视角、α为仰角、D为视距、H为建筑高度

不同学者对视觉尺度的划分方式不同,对观赏建筑的视觉尺度与观赏风景的视觉尺度划分方式差异较大。对于建筑而言,涉及的视觉因素包括建筑的高度、宽度、形态、颜色、细部等,首先取决于人和建筑的视觉距离以及人的正常视力能否可见和感知这些因素。其次是高度,建筑高度越高,能观赏到其距离越远,范围越大。反之,如建筑高度较高,距离较近,则会形成压迫感,并且在距离相同时,建筑越高,压迫感越强。另外,建筑的宽度也是影响视觉的重要因素,人的视野有限,建筑超出人的视野时,要看到建筑的全貌,势必左右摇头扫视,导致舒适度下降。此外,日照、风速、温度、湿度等对人产生影响的根本因素亦不可忽视。因此,综上所述,可以人的视力、仰视角、水平视角为切入点,分析视距、建筑高度、宽度同形态、空间、形式、细部的关系。

对于风景区而言,尤其是以山体、水体为主的风景资源,自身尺度较大,对视觉的影响范围相对较远,划分的范围与建筑相比尺度较大。本书研究"城-景"边界区域视觉景观控制,主要控制城市建筑为主的人工要素,因此按建筑视觉尺度进行划分。从表2-6可以看出,能看清建筑单体形式及细部的视觉距离界定在0～30 m的范围内,在30～600 m范围内可判断建筑与空间环境的关系,在600～1 200 m范围内可见建筑群体轮廓。在晴天无眩光的自然天光下,空气中含悬浮物不超过三级,观察对象非发光体,视力不低于1.0,将边界区域视觉景观划分为宏观、中观、微观的圈层结构。宏观尺度(600～1 200 m)关注"城-景"边界区域整体形态,中观尺度(30～600 m)优化空间布局,微观尺度(0～30 m)对建筑形式及道路、水体、广场等开放空间形式进行控制。

2.4.4 控制要素

吉伯德(Frederik Gibberd)说过:"城市中一切看到的东西,都是要素。"要素是构成空间形态的基本单元,其自身的特性都会影响空间感受。视觉景观要素的判别需要与尺度建立联系,一个尺度上的均质景观在另一个尺度上是异质的。

"城-景"边界区域视觉要素按视觉形态可分为面状、线状和点状三大类。点状要素是指各具特色的景点,包括:视觉景观制高点,即能够一览全景的景点;视觉景观关键点,即能够体现所在景区特征的关键景点;视觉景观对景点,即景区主要景观交界面视觉廊道的对景;视觉景观重要点,即其他各具特色的景点。如杭州西湖风景名胜区的保俶塔、雷峰塔,作为景区制高点,对空间形态及"城-湖"关系具有重要意义。其形态控制目标为:形成一个以核心景点统领全局、以景点组团体现不同景观特色的视觉景观序列。线状要素主要指视觉廊道,其形态控制目标是在风景名胜区和城市之间建立起视线畅通、过渡自然的线性空间，增强城市和景区之间的视觉景观联系。视觉廊道的控制对象主要为廊道两侧绿化和建筑高度及形态。面状要素主要包括：水体驳岸及滨水界面、山体界面、植被界面、背景界面。不同类型景区的面状要素各有不同，比如对于山岳型风景名胜区而言，面状要素为远景山体、植物界面等。

2.4.5 控制内容

"城-景"边界区域视觉景观控制的核心内容在于：突出遗产属性，进行资源保护；提升城市景观品质，实现资源共享。

（一）视觉主体的确定，视觉景观与突出的普遍价值

遗产属性的主要载体是突出的普遍价值（outstanding universal value），具体参见符合世界遗产的十条标准[①]（表2-7）。在此，需要做一项重要工作：将视觉景观与历史、文化联系起来，即将突出的普遍价值通过空间来描述，同时通过视觉景观来控制。需要注意的是风景遗产的视觉景观控制问题不同于特色空间营造的问题，且遗产的特征未必完全代表城市的特征。如Karjalainen等学者提出，视觉设计原则在一定程度上应与特殊的文化内容和自然条件相联系，而且景观设计原则与公众的偏好性并不总是一致的[②]。

（二）资源保护的控制内容

系统考察保护对象的遗产属性可以改变以往研究视觉景观分析和评价的内容多、控制内容单一（主要集中在天际线和建筑高度控制）的现状，形成系统的控制方法用于"城-景"边界区域的规划设计。

现阶段针对视觉景观资源的保护已经走向全方位的控制，主要针对视觉对象的影响评价。如针对风景的视觉冲击，量化人造元素对景观画面的影响；针对众多的人造元素被引入农村的现状，提出了如何在风景秀丽的区域将负面影响降到最低的问题[③]。

---

① 引自2008年修订的《世界遗产公约操作指南》。

② Karjalainen E, Komulainen M. The visual effect of felling on small-and medium-scale landscapes in north-eastern Finland[J]. Journal of Environmental Management，1999(55)：167-181.

③ De Vries S, De Groot M, Boers J. Eyesores in sight：quantifying the impact of man-made elements on the scenic beauty of Dutch landscapes[J]. Landscape and Urban Planning，2012(105)：118-127.

表 2-7　评价突出的普遍价值的十条标准(《世界遗产公约操作指南》)

文化价值	1. 代表人类创造性天赋的杰作
	2. 体现了在一段时期内或世界某一文化区域内重要的价值观交流,对建筑、技术、古迹艺术、城镇规划或景观设计的发展产生过大影响
	3. 能为现存的或已消逝的文明或文化传统提供独特的或至少是特殊的见证
	4. 是一种建筑、建筑群、技术整体或景观的杰出范例,展现历史上一个(或几个)重要发展阶段
	5. 是传统人类聚居、土地使用或海洋开发的杰出范例,代表一种(或几种)文化或者人类与环境的相互作用,特别是由于不可扭转的变化的影响而脆弱易损
	6. 与具有突出的普遍意义的事件、文化传统、观点、信仰、艺术作品或文学作品有直接或实质的联系(委员会认为此项标准应与其他标准一起使用)
自然价值	7. 绝妙的自然现象或具有罕见自然美的地区
	8. 是地球演化史中重要阶段的突出例证,包括生命记载和地貌演变中的地址发展过程或显著的地质或地貌特征
	9. 突出代表了陆地、淡水、海岸及海洋生态系统和动植物群落演变、发展的生态和生理过程
	10. 是生物多样性原地保护的最重要的自然栖息地,包括从可持续或保护角度具有突出的普遍价值的濒危物种栖息地

(三) 资源共享的控制内容

对于静态观赏的控制,需明确观景目标,从视域控制、视频控制、视觉走廊控制等方面进行;如以人的视觉感受为依据,分析最佳观赏视距和视角下的山水空间形态,对观赏点、观赏距离等进行研究①。对动态观赏的控制,在上述基础上还包括观景点的选取、游览路线设置等内容,其中包括:① 最优观景点选取及相应的公共空间营造;② 最佳路径的选择及结合步行、车行,营造适宜的景观序列;③ 根据视觉理论设置的借景、框景、障景、漏景等观景策略。

观景的最优路径和节点并不是单纯从城市路网和交通系统中探求的最优行走、行车路径,而是结合路线上的景观序列变化、空间遮挡关系以及人的视觉感受综合评定出的边界区域最佳观赏路径。最佳节点也是最适宜大多数人驻足停留,具有更优质的视觉景观的公共空间。视觉廊道控制是视觉景观资源共享的核心内容,有学者采用双要素叠加法和相关因子加减法对视廊进行控制。双要

---

① 李云芸,赵磊,王晓俊. 基于视觉原理的水域空间景观分析:以宁波东钱湖为例[J]. 规划师,2011(11):35-40.

素叠加法主要是将景观要素分为自然景观和非自然景观两个要素进行综合评价,多用于背景开阔的景区。相关因子加减法适用于背景复杂、建筑物密集的景区,是将景区景观和背景景观相剥离,在景区景观评价的基础上进行背景相关因子修正①。

2.5 相关理论解析

2.5.1 格式塔心理学

格式塔心理学(Gestalt psychology)源于德国,Gestalt 在德语中意为"完形""完整的心态"等,认为人在观察事物中将其作为一个整体认知。格式塔心理学认为,"观看"这一活动的双方参与者(客观刺激物与观察主体)是一种相互作用的过程,只有正确掌握观看的方式,才能准确地把握刺激物的客观本质,"视觉景观"通过"观看"产生。格式塔心理学范畴内的"形"通过知觉的积极组织、构建形成统一整体,由人通过主观能动性将所见所感进行知觉组织,从而得到主客统一的产物,而非简单的外形上的完整,外形上的完整仅是其中比较明显的部分。在格式塔理论可以得知人类视觉—心理的关联作用,并通过研究总结出视觉感知原则。格式塔研究反对将分析强行加入很多人为因素,主张人们接受并认可所见所感,形成真实的自然经验——即使这种经验在客观上存在误差。

2.5.2 景观美学

景观美学是环境美学的重要内容之一。研究自然美的保护和加工,探讨自然美的成因、特征、种类以及开发、利用和装饰自然美的方法、途径等,范围涉及自然景观、人工景观和人文景观。自然景观如自然界中未经人工实践所及的奇景和壮观;人工景观如应用自然美的材料,通过艺术加工所创造的各种景色;人文景观如宗教建筑、城市雕塑、古代桥梁等表现人类文明的各种建筑物。它们的美学特征、审美价值、构造规律等,都是景观美学研究的对象。城市的美不仅在于实体(建筑及构筑、实体景观要素),还在于空间;美不仅在于静止的"观看",还在于动态的体验,其核心在于视觉景观的引导与控制,景观美学准则对于"城-景"边界区域视觉

---

① 张巧,刘洪杰,郑韵怡,等.景观视觉廊道评价初探:以惠州西湖风景名胜区为例[J].广东园林,2010(1):5-9.

景观价值判断具有指导意义。

2.5.3 系统论

系统是由两个以上有机联系、相互作用的要素所组成,具有特定功能、结构和环境的整体①。系统科学是研究事物整体性及其与环境关系的学科,它从整体的角度观察世界、研究事物、认识问题。美籍奥地利生物学家路德维希·冯·贝塔朗菲(Ludwig Von Bertalanffy,1901—1972)作为系统论的奠基人,认为"系统可以定义为相互联系的元素的集合"②。系统基本思想是对系统本质属性(包括整体性、关联性、环境适应性、层次性、目的性)的根本认知,其核心问题是如何根据系统的本质属性使系统最优化。

"城-景"边界区域本身就是一个自然与文化的系统,在与人类互动中体现其客观的规律,因此可以将景区视为一个开放的自然社会经济复合系统。解决"城-景"边界区域视觉景观的问题涉及各种自然、经济与社会因素,加之当前我国城市型风景名胜区发展与管理处于复杂与多变的时期,没有系统的、科学的分析方法难以有效认知与解决其存在的问题。系统理论对于"城-景"边界区域视觉景观控制的指导主要体现在如下两个方面:① 边界区域视觉景观控制的要素是怎样相互联系、相互制约和相互影响的;② 边界区域视觉景观控制的程序是什么,即通过怎样的方式将多样的要素和复杂的知识体系组织起来。

2.5.4 心理物理学

心理物理学(psychophysics)源于19世纪心理学家费希纳(G. T. Fechner)的实验心理学,是一门研究环境刺激和人类感觉、知觉和判断之间关系的理论和手段的学科③。从20世纪70年代中期开始,由心理学、林学、统计学等方面专家共同努力,将心理物理学引入景观领域,其主要思想是将景观与景观审美的关系理解为一种"刺激—反应"的关系,认为人类具有普遍一致的审美观,并基于这种普

---

① 汪应洛. 系统工程[M]. 北京:机械工业出版社,2008:14.
② Von Bertalanffy L. General system theory [M]. New York: George Bragiller, 1968: 55.
③ Hull R, Buhyoff G J, Daniel T C. Measurement of scenic beauty: the law of comparative judgment and scenic beauty estimation procedures[J]. Forest Science, 1984(30): 1084-1096.

遍、平均的审美观来对景观质量进行评判①。通过统计学方法量化公众的景观审美指标,将审美指标和景观要素指数进行统计学分析研究。在"城-景"边界区域视觉景观研究中应用心理物理学方法,可以探求风景区的自然特征与人们审美评判反应之间的数量关系,从而为定量地了解景区风景构成与人的审美评判间的关系,预测和评价不同管理活动对风景资源的影响提供一定的科学依据②。

2.5.5 共生理论

"共生"(symbiosis)一词由德国植物学家德贝里(De Bary)在1899年为描述地衣中某些藻类和真菌之间的相互关系时提出,是指共生单元之间在一定的共生环境中,通过直接的营养物质交流,相互依赖、相互依存、相互获利③。最早将共生理论应用于城市研究的是黑川纪章,他一直按照1959年提出的"从机械原理的时代走向生命原理的时代"的认识进行着以生命原理为基础的建筑和城市设计,主张摒弃个体、强调整体,将个体通过关联而整合为整体,主张城市功能形成细胞状相互依存的关系④。在共生系统中,"城"与"景"的任何一方单个都不可能达到一种高水平关系。本书应用共生理论促成"城""景"二者在冲突中产生新的、创造性的合作关系,在较大的社会、经济和生态收支背景下,探讨边界区域的作用。

2.6 关键技术方法解析

2.6.1 综合集成法

综合集成(mete-synthesis)作为科学研究名词概念,由钱学森首先提出,具体表述为"从定性到定量的综合集成方法",其主要特点如下:① 定性研究与定量研究有机结合,贯穿全过程;② 科学理论与经验知识结合,把人们对客观事物的各种知识综合集成解决问题;③ 应用系统思想把多种学科结合起来进行综合研究;④ 根据复杂巨系统的层次结构,把宏观研究与微观研究统一起来;⑤ 必须有大型

---

① 俞孔坚.景观:文化、生态与感知[M].北京:科学出版社,1998:31-41.
② 王晓俊.森林风景美的心理物理学评价方法[J].世界林业研究,1995(6):8-15.
③ 李博.生态学[M].北京:高等教育出版社,2000:110.
④ 黑川纪章.共生城市[J].建筑学报,2001(4):7-12.

计算机系统支持,不仅要有管理信息系统、决策支持系统等功能,还要有综合集成的功能①。

"城-景"边界区域视觉景观系统虽然是城市系统的子系统,但同样是一个开放的复杂系统,需要新的方法论更新其研究手段和规划手段。由于建筑、城市规划学科和风景园林学科的属性本身具有"自然科学与社会科学的一体化"精神,从而为"城-景"边界区域视觉景观系统研究从定性到定量,完成"描述科学"与"精密科学"的融合创造了条件。

视觉景观控制作为一项应用系统工程②,有其自身的运作程序和工作模式,即综合集成方法的运作模式。20世纪60年代,霍尔(Hall)提出"三维结构体系"(图2-2),该体系是由时间维、逻辑维和专业维等组成的一个立体体系,是当

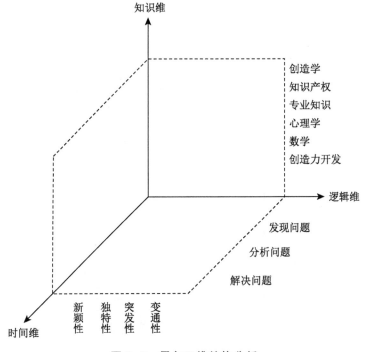

图2-2 霍尔三维结构分析

图片来源:汪应洛.系统工程[M].北京:机械工业出版社,2008:14.

---

① 顾基发,唐锡晋.综合集成方法的理论及应用[J].系统辩证学学报,2005(4):1-7,22.
② 任何一个系统,其系统工程的实施都需要一个过程,作为过程系统的系统工程,必定具有某种共同的内容、步骤、程序和方法,而应用系统工程在解决问题时必须遵循一定的工作步骤和共同的规则。

前复杂系统研究中常用的一种方法体系,被广泛应用于各学科领域的研究。受霍尔的"三维结构"启发,借鉴综合集成方法论,根据视觉景观控制的理论与实践,本书提出视觉景观控制综合集成方法之定性与定量有机结合的运作模式。

视觉景观控制综合集成方法的运作模式实际上是由控制对象、控制方法和技术手段三大要素相互交织、交叉耦合而成的多相层面的三维立体结构(图2-3)。控制对象维度包括天际线、景观视廊、建筑高度、观景点、建筑群体、景观序列、建筑形式、开放空间形式。控制方法维度包括系统调研、系统分析、系统评价、系统控制三个方面,而技术手段维度由内向外分别为遥感技术、地理信息系统(GIS)技术、全球定位系统(GPS)技术、SPSS统计分析技术,运用定性与定量有机结合的方法,各种要素经多次的作用、对接、反馈和综合,直至获得完善的"城-景"边界区域视觉景观系统控制模型(图2-4)。

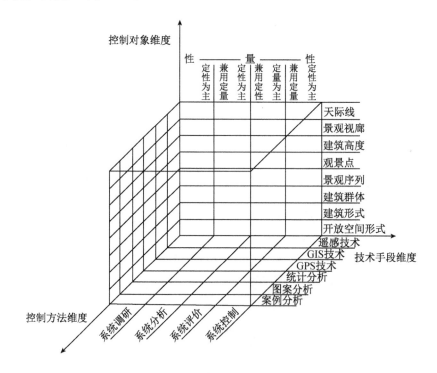

图2-3 综合集成框架图

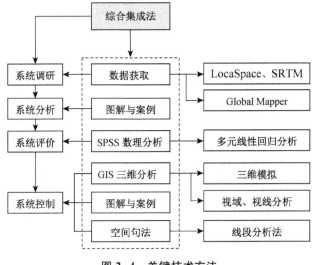

图 2-4 关键技术方法

2.6.2 GIS 三维分析技术

地理信息系统（Geographic Information System，GIS）是将地理空间数据处理与计算机技术相结合，对地理空间信息进行集成、储存、检索、操作和分析。本书通过 GIS 三维分析技术创建边界区域三维场景，用于各要素的分析、评价与模拟控制。GIS 三维分析技术可以帮助选取边界区域观景点进行景观视廊控制、建筑高度控制、天际线控制。主要包括四个层面：① 通视分析；② 观景点视域分析；③ 观景路线的视域分析；④ 观景面的视域分析。地域的高程信息数据通过谷歌地图、SRTM、Global Mapper、LocaSpace 获取。

2.6.3 空间句法

空间句法（space syntax）由英国伦敦大学教授比尔·希利尔（Bill Hillier）及其同事始创于 20 世纪 70 年代，是建筑与城市空间形态研究方法与理论的总称，其核心概念是"空间组构"（spatial configuration），即一个空间系统中各空间元素的相互关联，通过对建筑、聚落、城市甚至景观在内人居空间结构中的量化描述，研究空间组织与人类社会之间关系的理论和方法[①]。空间结构形态定量的分析能够帮助风景园林师深入了解空间的内在规律，预测街道承载人车流量的能力，以此判断街

---

① Bafna S. Space syntax: a brief introduction to its logic and analytical techniques[J]. Environment and Behavior，2003(35)：17-29.

道的可达性。本书在"城-景"边界区域观景点选取阶段,应用空间句法中空间形态描述方法为线段分析(segment analysis)①,主要采用的空间形态描述参量为整合度、选择度和可理解度,整个方法基于 Depthmap② 软件平台进行操作。

2.6.4 SBE-SD 综合评价法

在视觉景观评价阶段,视觉景观质量评价的方法主要采用 SBE-SD 综合评价法。SBE(Scenic Beauty Estimation Method)评价法由 Daniel 和 Boster 提出,又称美景度评价法,是心理物理学派中最为常见的评价方法,其优势在于可以对大量景观进行量化评价,将主观与客观评价相联系并建立数学关系,使得该方法更具有科学性。该方法通常以照片作为评价测量的媒介,依照评价准则,评价者对每张照片中的景观美景程度进行打分③。

SD 法(Semantic Differential Method)是 1957 年由查尔斯·埃杰顿·奥斯古德(Charles Egerton Osgood)提出的一种心理测定方法,又称为语义差异法。该方法早期大量应用于心理学研究领域,从 20 世纪 90 年代开始更多地应用于建筑、景观等相关学科的研究。在研究中,语义差异法(SD)与美景度评价法(SBE)结合使用,主要用于评定主观感受同客观环境的关联,通常由一组互为反义的形容词和一个呈奇数的量度表构成。

2.6.5 数理分析方法

数理分析方法在景观领域的应用方式体现在两个方面:一是利用数学思维和语言对景观存在的问题进行思考和描述,从更深层次揭示问题的机理;二是利用数学分析方法对获取的数据进行分析、计算,从而发现现象背后的内在规律,虽然大部分的景观现象、景观过程和事件都具有一定的随机性,但在研究过程中通过对随

---

① 线段模型是建立在轴线网络上的另一种模型,与轴线模型以整条轴线为一个分析单元不同,线段模型被轴线之间的交点打断,使各交点之间形成独立的线段单元,使得分析精度大大提高。

② Depthmap 是由 Alasdair Turner 等人合作开发的一种新型句法分析软件,尽管该软件相对于该领域其他一些软件出现时间较晚,但其功能全面、算法完善、操作直观、更新速度快,因此成为目前应用范围最广,且为空间句法组织官方推荐的空间整合度特性分析软件。

③ Daniel T C, Boster R S. Measuring landscape aesthetics: the scenic beauty estimation method[R]. USDA Forest Service Research Paper, 1976: 176.

机现象量化表达后进行分析,可以发现其发展的一般规律①。统计分析法是建立在概率论和数理统计基础上的数学方法,适用于对各种随机现象、随机过程和随机事件的处理。统计分析法是一种比较成熟的定量分析方法,包括时间序列分析、相关分析、回归分析、主成分分析、聚类分析等,一般通过 Excel、SPSS 等软件实现。本书通过 SPSS 软件对"城-景"边界区域视觉景观评价的 SBE 值和 SD 值进行多元线性回归分析,确定景观元素及特征对景观质量的影响。

本章首先辨析了"边界"、"城市型风景名胜"、"城市型风景名胜区边界区域"和"视觉景观控制"四个概念,并明确相应的理论和方法,从而对"城-景"边界区域视觉景观控制进行指导。其次,对"城-景"边界区域视觉景观控制研究的适用理论进行了系统整理。最后,构建了相关技术方法体系,包括三个层面,即边界区域视觉景观分析的技术方法、视觉景观评价的技术方法以及视觉景观控制的技术方法,方法的选择以问题为导向。

---

① 刘颂,章舒雯.风景园林学中常用的数学分析方法概览[J].风景园林,2014(2):137-142.

第三章
"城-景"边界区域视觉景观控制演变过程

"城-景"边界区域视觉景观是城市经过长期演化发展,在历史传承中逐步形成的。区域特征内隐于城市空间内部的深层次结构中,要通过一定的历史演化分析,才能逐步发掘其特征或真正认识其价值。本章主要从"城-景"关联的角度回溯其边界发展历史并考察现状。对历史演变过程的追问有利于认知以下问题:边界区域在形成与保护风景资源价值的过程中扮演了怎样的角色?这一角色在城市化进程中是否发生了变化?变化的原因是什么?回答上述问题对理解"城-景"边界区域有重要意义。此外,对国内外视觉景观在政策法规与实践领域的发展进行回顾与现状问题诊断,并对具有代表性城市视觉景观控制进行案例分析。

3.1 "城-景"关系发展过程

国内风景名胜区的形成与发展,经历了萌芽—发展—全盛—成熟—复兴的历史过程[①]。对城市型风景名胜区来说,除了这一基本历史过程,城市型风景名胜区与城市之间还有一个特殊的发展关系。城市型风景区与城市之间的空间地域关系和文化精神联系经历了从相对独立到难解难分的过程,是人们在对自然有了一定认识和审美意识并加以人化才成型的。从空间地域来说,城市型风景区相对稳定,城市处于不断发展的状态,当城市发展到一定规模,城市用地与风景区资源用地之间、城市建设与城市型风景区保护之间的矛盾逐渐凸显。解决这些矛盾,不仅要依靠现代科学技术和先进的管理方式,还要研究城市型风景区与城市发展的互动历

---

① 张国强,贾建中.风景规划:《风景名胜区规划规范》实施手册[M].北京:建筑工业出版社,2003:11-15.

史、相互作用和影响,理解其历史发展脉络,从中寻找解决矛盾的方法和依据。根据城市型风景名胜区与城市互动发展过程中不同的"城-景"特点、空间关系,大致可将此过程划分为以下 4 个阶段(由于不同城市型风景区发展速度不同,故此阶段划分不表示严格的历史发展时期)。

3.1.1 "城-景"独立

这一阶段大致是从远古到南北朝时期。古人类以渔猎、采集为生,或穴居、巢居①。这一时期人类仅是栖身于大自然的一员,种群部落处于为生存和温饱争斗的状态,尚未形成独立于自然的人工环境。这种天人不分或人天难分的混沌状态,难以对自然美产生有意识的追求。

风景名胜区的产生早于城市,其最早成因源于对自然的畏惧、对山岳的崇拜;而城市起源于私有制的出现和阶级分化时期。到南北朝为止的这段时期内,"天人合一"、"君子比德"、神仙思想、隐逸思想、山水审美观念和封禅祭祀活动出现,促成了名山概念的形成,并为自然山水加入了人的情感。同时佛教传入,道教兴起,它们都与风景名胜区结下了不解之缘。由于秦、汉、晋时期国家统一,科技和农业不断发展,城市形成并缓慢发展。但这一时期人口与城市规模小,生产落后,人类活动强度不大,农业活动还无法对风景区造成威胁,还没有形成有规模的风景开发。很多城市仅将风景区作为自然资源来利用,在利用的过程中产生审美萌芽,是城市与风景区相互依存关系的积累过程。总结起来,这一阶段城市已形成,城市风景区也有了萌芽和初步发展。如寺观建设促进了杭州西湖风景区的发展,山水文化因素促进了南京钟山风景区的发展,经济建设和社会活动促进了武汉东湖、云南丽江、湖南洞庭湖等风景区的发展。城市与风景区在精神文化上有了联系,在物质上有利用关系,在空间上有一定距离。人为活动对风景区的影响尚小,"城-景"相对独立,因此这一阶段的"城-景"特点可以概括为:"城-景"相伴。如连云港云台山风景区,起初是海中的岛屿,到了清代由于港湾淤积形成陆地,才逐渐使云台山与海州(连云港前身)在陆地上联系起来。此后,港湾陆地继续形成,城市、村庄逐渐向云台山发展,风景区与城市的关系不断加强(图3-1)。

3.1.2 "城-景"协调发展

这一阶段大致是从隋唐至清朝时期(589—1911 年),城市文化活动对城市型

---

① "上古之世,人民少而禽兽众,人民不胜禽兽虫蛇,有圣人作,构木为巢以避群害。"

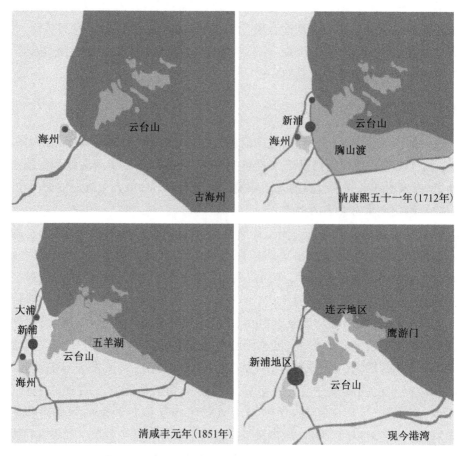

图 3-1　连云港云台山风景区变迁及与城市关系图

风景名胜区的发展建设起到关键作用。佛教、道教的兴盛推动了城市型风景区快速发展。中国文人寄情山水，经营山居行为不断。唐代诗人李白自诩"五岳寻仙不辞远，一生好入名山游"。山水文学和山水画的大发展直接促进了山水风景挖掘、风景建设和风景保护。古典园林文化和节日文化则使城市风景区的风景开发和建设活动快速发展，并有大量公众参与其中。城市营建活动人文色彩浓厚，在各城市风景区中留下了众多的文物古迹，加深了风景区的历史文化积淀。这一时期，城镇化水平较低，但城市规模扩大，人口增多，经济文化发达，人们出行游览游历增多，生产活动对城市周边环境及风景区有一定影响，但以有利于风景建设为主，促进了城市型风景名胜区的发展。其中隋、唐、宋是中国封建社会的全盛时期，也是城市风景区发展的全盛时期，已开发和大量新开发的风景区在此时期都得到充实和完善，遍布全国。元、明、清时期风景区的建设工作仍在继续，建筑不断更新，设施不断完善,但新开发的风景区不多。这一阶段城市风景区已经发展成熟,因佛道发展的有清源山、鼓浪屿等风景区,因山水文化和游历发展的有惠州西湖、避暑山庄外八庙、兴城海滨、三亚海滨、大连—旅顺口海滨等风景名胜区[①]。这一阶段也是城市风景区促进城市特色形成的时期,我国著名的风景城市都是在这个时期形成的。因此,城市型风景名胜区与城市的联系非常紧密,如西湖既是杭州城的淡水来源,也是城市文化的一部分。总的说来,这一阶段城市和城市型风景名胜区的发展是相互促进的,两者的地域空间关系处于相邻状态。因而城市和城市型风景名胜区是相互协调的。其"城-景"特点可以概括为:"城-景"相邻、城在景中、"城-景"相依。

3.1.3 "城-景"矛盾对立

这一阶段大致是从民国时期至20世纪末。科学技术的发展开创了工业文明新时代。随着生产力的提高和经济社会的发展,人类对大自然的依赖性相对减弱,与此同时,掠夺性的开发、对大自然的破坏也日趋严重,工业革命极大地提高了社会生产力,人口、城市规模急剧膨胀,土地等各类资源需求量巨大。庞大的城市创造了复杂的人工环境,侵吞了自然环境并滥用资源,也使人们远离了自然。

这个时期对于城市风景区更多的是从生产原料的角度去评价,城市河流、湖泊被当作生产生活用水来源和排污通道,杭州西湖、惠州西湖、昆明滇池都受城市污染严重;山体用于采石采矿,森林植被用作木材原料。城市范围内水面被填埋,山丘被推平,已难见自然因素。城市建设不断向风景区内部推进,占用风景区土地,有益的风景建设减少,有害的开发建设活动剧增。城市风景区自然环境遭到破坏,文化精神价值被削弱,城市特色逐渐丧失,城市山水空间环境格局遭受破坏,出现"人天对立"的状态。这一时期"城-景"关系逐步失调,不少风景区在中华人民共和国成立前虽然也受工业革命影响,但城市发展缓慢,城-景失调表现得并不严重,杭州即如此;中华人民共和国成立后受城市扩张、开发建设的影响越来越大,尤其是20世纪60年代以来表现得尤为明显(图3-2)。惠州瘦西湖也是在1956年之后,逐渐被城市包围分割,"城-景"相依的城市山水空间和景观风貌丧失。其"城-景"特点可以概括为:城中有景,景中有城,出现城压景、城吞景的状态。

---

① 张国强,贾建中. 风景规划:《风景名胜区规划规范》实施手册[M]. 北京:建筑工业出版社,2003:13-18.

图 3-2　19—21 世纪杭州与西湖关系发展图示

图片来源：作者根据历史地图绘制

3.1.4 "城-景"交融

这一阶段大致是 21 世纪以后。杭州西湖风景名胜区屡次出现淤塞和围湖造田现象，但西湖美景仍保留至今，原因在于城市与风景要素构成了共生关系。杭州的发展有赖于西湖的淡水资源，现今虽然不再依靠西湖供水，但西湖已成为城市文化的一部分。泉州清源山风景名胜区的保存依靠自古以来的资源保护思想、城市地利观以及风景区土地不适于农业耕作等。惠州瘦西湖风景名胜区的保存靠的是人们对风景的精神需求和持续不断的风景建设。山水审美观则是每一个风景名胜区保存下来的精神因素之一。在当代，城市与风景区的共生关系有了新的内容和表现形式。有的城市生产生活仍需要利用风景区的资源，今天的人们更加渴望接近自然，城市环境污染让人们认识到城市型风景名胜区的生态意义，城市的无序发展需要自然因素的制约。风景旅游兴起让风景区能够为城市创造经济价值，改善人们的生活。风景优美、空气清新、没有污染的生态型城市成为理想的人居环境等。这些时代要求和特点决定了当前和未来要以保护的观念对待城市型风景名胜区。可以预测，未来社会发展将进入效益与均衡兼顾的时代，是经济、社会、信息、环境协调发展的时代，是生态文明的时代。在克服纯经济目标的工业化弊端之后，走上全方位高度发达、城乡结合与"城-景"复合的城乡一体化的生态化轨道。未来资源得到有效保护、合理利用，生态受到维护和培育，环境意识成为生产生活的行为准则之一，城市型风景名胜区将融入大地园林化进程，人天关系走上共生共荣的道路，城市型风景名胜区与城市将再次协调。未来"城-景"关系应是城在景中，景在城中，"城-景"相依。

3.2 "城-景"边界区域现存问题及其根源

3.2.1 现存问题

"城-景"边界区域现存问题包括：① 城市发展局部蚕食风景名胜区，影响风景名胜区的边界；② 城市发展对风景名胜区呈包围趋势，阻断了其对外联系(生态联系不畅、交通联系不畅、旅游联系不畅等)；③ 新建交通枢纽、城市道路分割景区，阻断了其内部联系；④ 城市污染源控制不严，生态系统遭受严重破坏；⑤ 过境交通干扰景区发展，道路系统混乱、阻塞；⑥ 工业用地分布在风景名胜区周边，从根本上损毁了风景名胜区的品质；⑦ 建设控制不力，影响了景区的视觉景观；⑧ 人工设施建设不当，影响环境品质。

城市型风景名胜区的问题绝大多数是与边界区域直接相关的，其特点正是引发这些问题的根源所在。同时，问题多集中于物质空间，与形态相关。

3.2.2 问题的根源

1) 风景名胜区面积很大而又采取较为独立和封闭的管理。

国家重点风景名胜区审批过程中的重要一环就是确定范围并明确管理权属(面积不得小于 $10\ km^2$)。另外，要想合理地保护和利用，也必须明确边界进行统一管理。而城市型风景名胜区与城市接壤，必然对城市产生重大影响。

风景区按用地规模可分为小型风景区($20\ km^2$ 以下)、中型风景区($21\sim100\ km^2$)、大型风景区($101\sim500\ km^2$)、特大型风景区($500\ km^2$ 以上)[①]。城市型风景名胜区的平均面积约 $200\ km^2$，属于大型风景区，最大甚至达到 $2\ 394\ km^2$，因此对城市产生了很强的分割作用，阻断城市脉络的延伸(表 3-1)。

表 3-1 城市型风景名胜区面积统计

风景类型	城市型风景名胜区面积/km^2
山岳型	长沙岳麓山风景名胜区(36)，青岛崂山风景名胜区(480)，泉州清源山风景名胜区(62)，广州白云山风景名胜区(28)，连云港云台山风景名胜区(200)
海滨型	秦皇岛北戴河风景名胜区(366)，兴城海滨风景名胜区(42)，大连海滨—旅顺口风景名胜区(105)，三亚热带海滨风景名胜区(212)

---

① 《风景名胜区规划规范》(GB 50298—1999)第 1.0.3 条。

(续表)

风景类型	城市型风景名胜区面积/km²
湖泊型	吉林松花湖风景名胜区(500),蜀岗—瘦西湖风景名胜区(12),杭州西湖风景名胜区(59),武汉东湖风景名胜区(88),惠州西湖风景名胜区(3.2),昆明滇池风景名胜区(770),岳阳楼洞庭湖风景名胜区(1 300)
史迹型	承德避暑山庄外八庙风景名胜区(2 394),浣江—五泄风景名胜区(9.45),洛阳龙门风景名胜区(9.21),青城山—都江堰风景名胜区(188)
江河型	丹东鸭绿江风景名胜区(824),桂林漓江风景名胜区(2 064)
综合型	长春八大部—净月潭风景名胜区(80),南京钟山风景名胜区(45),厦门鼓浪屿—万石山风景名胜区(246)

2) 风景名胜区的发展方式与城市发展迥异。

不同类型的风景区与城市的矛盾不尽相同,如前所述,城市对风景区的包围会产生很多共性的问题,主要因为城市和风景区几乎沿着两条不同的路径发展。而城市化又是当今中国城市发展的必然,亟须通过相应手段缓解由此产生的矛盾(表3-2)。

表3-2　风景名胜区与城市发展方式的差异

风景名胜区的发展方式①	城市的发展方式②
严格保护自然与文化遗产;保护原有景观特征和地方特色;维护生物多样性和生态良性循环;防止污染和其他公害;充实科教审美特征;加强地被和植物景观培育;充分发挥景观资源的综合潜力;展现风景游览欣赏主体;配置必要的服务设施与措施;改善风景区运营管理机能;防止人工化、城市化、商业化倾向;促使风景区有度、有序、有节律地持续发展	城市化初期必然使人口和资源聚集;以利益最大化原则进行空间的合理布局,最终产生与城市型风景名胜区的冲突;在可持续城市理论背景下,城市发展面临转型,但不会产生根本性变化;继续发展大中城市是大势所趋

3.3　国外城市视觉景观控制政策法规与实践

国外对城市视觉景观控制已有很长的历史,在欧美发达国家,历史保护地区的城市设计控制最为严格,原因在于西方对城市景观控制源自对西方历史城镇

---

① 依据《风景名胜区规划规范》(GB 50298—1999)"总则"。
② 冯尚春,周振.论中国特色城镇化道路[J].中共中央党校学报,2011(2):70-73.

的保护与管理。随着城市景观视觉管理意识日益增强,历史建筑和历史地区都在不断增加,城市天际线的勾勒使得视觉景观对城市设计控制变得更为广泛,并且推动了设计控制实践在方法上和技术上的不断成熟,为规划提供了有益的经验。

3.3.1 美国

美国有多个风景资源管理系统[1],这些系统的方法有以下共同特点:① 根据形式美的原则,由视觉景观环境的生物物理特征呈现出来的形式元素(形式、线条、结构、颜色),以这些形式元素之间的关系(多样性、统一、鲜明、协调)为依据,调查和评价景观视觉环境的质量;② 通过调查和分析视觉景观环境的使用程度、可视性和公众的关注度来决定敏感水平;③ 绘制视觉景观环境敏感水平等级图;④ 综合上述内容制定相应的视觉质量管理措施,控制各种建设活动的强度、规模和类型;⑤ 调查和分析特定景观特征单元的视觉吸收力,决定所允许视觉污染程度;⑥ 分析建设内容,评价是否有显著的视觉影响,提出重新设计或修改意见;⑦ 将上述内容综合引进该区域的环境决策体系之中。

在美国西雅图丹尼三角地块(Denny triangles)土地开发建设强度控制预测范例中,针对公众视点、地标景观、观景路线、沿途景观和天际线景观等五个方面进行城市景观讨论,并在定性的基础上做定量的分析。对四个不同的假定发展方向及强度水平进行比较,研究者就可以很直观地观察到此地块在不同的密度水平下对整个城市的影响,从而为最后制定正确的土地用途和合理的强度水平提供客观依据。

① 公众视觉保护政策:城市的 USEPA(美国环保局)公众视觉保护政策指出了 87 个场所,并分析了每一个场所视点的景观差异性,同时 USEPA 简洁地描述了从每一个地方可看到的景观的特性。公众视点分析根据视点所观察到的景观特性,决定景观视廊的走向及大小,从而为城市局部空间密度、格局的确定提供依据。

② 地标景观保护:地标景观的关键特征是具有唯一性,在背景中容易被识别,它是城市记忆的重要组成部分。USEPA 指出:地标保护机构根据历史地标独特的

---

[1] 美国风景资源管理系统包括:美国林务局的风景管理系统,即洲 VMS(Visual Management System)以及在 VMS 基础上形成的 SMS(Scenery Management System);美国土地管理局的风景资源管理(Visual Resources Management,VRM);美国土壤保护局的风景资源管理(Landscape Resources Management,LRM);联邦公路局的视觉污染评价(Visual Impact Assessment,VIA)等。

位置、建设年代或尺度而确立其独特的价值,从而使得城市或邻里具有非常容易辨认的视觉特征。这些历史地标的景观由城市政策加以保护,其保护主要是针对视觉显著性,地标景观作用主要通过空间实现。首先是易观察性,必须为地标建立城市视觉走廊留出一定的观察空间;其次,通过与相邻城市元素的关系调整,建立起局部的对比或协调关系。

③ 城市线性景观:主要指城市重要街道可观察到的景观。线性景观具有连续性、可识别性和方向性。典型的空间特性能够强化线性景观的意象,特定的立面特征(如高度),靠近城市中有特色的部分同样可以提高线性景观的重要性。因此,可以通过线性景观考察决定哪些景观可以作为重要的景观资源,从而将这些景观资源作为决定周边地块的建设强度依据之一。

④ 天际线景观:由于西雅图是山地城市,其建筑群、地形、水体和独特地标建筑等元素相互融合而构成独特的天际线景象。在具体的预测影响评价中,规划部门首先选取了一系列较为重要的观景地点。对城市主要地块模拟不同阶段的发展状况和现状分别进行天际线视觉比较。首先在观景地点确定的条件下可以获得现状条件下的天际线和不同预测发展条件下的天际线,然后进行两者之间的比较分析。作为对地块建筑密度和高度调整的依据,地区的建筑高度限制有助于形成良好的天际线景观,同时有助于在地区发展和保持合理的景观之间取得平衡。

3.3.2 英国

英国景观规划控制编制由数项控制手段综合形成,其中较为重要的有:开发控制的一般性管理(规划许可制度)、战略性眺望景观保护、保护区制度、登录建筑保护制度、广告控制管理制度等五项。其中战略性眺望景观(strategic view)对本书的研究具有重要指导意义。城市战略性眺望景观规划(city strategic view landscape plan)由英国环境部倡导。1991年正式颁布的战略性眺望景观成为中央政府环境部、交通部、区域部的政策制定依据以及区域政府的规划方针,这是英国战略性眺望景观对城市重要景观进行保护的辅助引导之始。根据中央政府的指示,地方政府为将景观保护措施体现于当地的城市规划中,需制定战略性眺望景观规划。例如,伦敦指定10处战略性眺望景观点,以伦敦地标圣保罗大教堂(10处眺望点,其中8处为圣保罗大教堂)和威斯敏斯特宫(英国国会大厦)为主。本书以具体的战略性眺望景观的保护为例进行分析(表3-3)。

表 3-3　伦敦已指定的 10 处战略性眺望景观①

眺望点(View point)	眺望对象(Focal Point)
格林威治公园(Greenwich Park)	圣保罗大教堂(St. Paul's Cathedral)
黑石南尖峡(Blackheath Point)	圣保罗大教堂(St. Paul's Cathedral)
威斯敏斯特码头(Westminster Pier)	圣保罗大教堂(St. Paul's Cathedral)
里士满公园(King Henry Ⅷ's Mound, Richmond Park)	威斯敏斯特宫(Palace of Westminster)
普里姆罗斯山(Primrose Hill)	威斯敏斯特宫(Palace of Westminster)
国会山(Parliament Hill)	圣保罗大教堂(St. Paul's Cathedral)
肯伍德故居(Kenwood)	圣保罗大教堂(St. Paul's Cathedral)
亚历克山大宫殿(Alexandra Palace)	圣保罗大教堂(St. Paul's Cathedral)
普里姆罗斯山(Primrose Hill)	圣保罗大教堂(St. Paul's Cathedral)

圣保罗大教堂屹立在伦敦弗利特街东口外，为世界第三高教堂，由两座长 150.5 m、宽 37.5 m 的两层十字形大楼构成，中间拱托一座高达 111.4 m、上有一个镀金十字架的穹顶建筑(图 3-3、图 3-4)。

图 3-3　圣保罗大教堂早期景观
图片来源：http://images.google.com/image

图 3-4　圣保罗大教堂构建了伦敦城市天际线
图片来源：http://images.google.com/image

1938 年制定的圣保罗大教堂高度控制方案强制性保护了从南方银行和泰晤士河以及东、西、北不同方向的视线，这项长达 60 多年的保护计划给英国市民和海外游客留下了深刻的印象。

一个多世纪以后，虽然圣保罗大教堂不断改变功能、服务群众的定位以及更新

---

① 根据 Chapter 9-DES 2：Protecting important views 绘制。http://www.westminster.gov.uk/udp/adopted/full/chap9.

和维修教堂内外的装饰,但始终保持了它作为英国主教区的重要作用。

始于 1992 年的圣保罗大教堂战略性眺望景观,眺望点采用经纬度准确定位,除西敏寺一处外均为标高相对较高、公众可达性好的公园等场所。通过对眺望点及眺望对象间的建筑高度控制进行风景保护。具体来说,针对各景观设定的三个分区即景观视廊、广角眺望周边景观协议区、背景协议区,在各分区中实行不同的高度控制管理,以确保市民在城市内远距离欣赏美景的眺望权(图 3-5)。伦敦 10 处战略性眺望景观在景观视廊区域,以眺望点标高与对象物标高所构成的楔形平面为建筑高度控制平面,原则上禁止超过控制高度面的建筑。设定广角眺望周边景观协议区,是为了保证能有相对开阔的视野观赏景观。对背景协议区的控制是为了避免在景观后建造类似屏风一样的建筑,维持景观本身所构成的天际线。

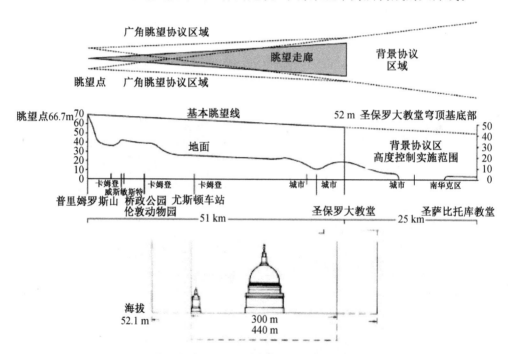

图 3-5 景观视廊、广角眺望景观协议区、背景协议区分析
图片来源:《城市风景规划:欧美景观控制方法与实务》

景观视廊指眺望点与设定宽度在 300 m 的地标之间的连接区域。眺望点标高与对象物标高①所构成的楔形平面为建筑高度控制平面,原则上禁止超过控制高度面的建筑,不符合要求的现状建筑则在改建时适用。

---

① 圣保罗大教堂指穹顶以下海拔高度 52.1 m,国会大厦指屋檐以上海拔高度 43.5 m。

以第三个眺望处威斯敏斯特码头的眺望为例来解析景观视廊的控制方法：

眺望点选在维多利亚堤岸的高架路上，由于视线被皇家节日音乐厅和壳牌中心所包围，因此没有显示足够的观景宽度和区域。前景被巨大的摩天轮所控制，并且在 South Bank 附近有很多临时搭建的建筑，在夏天很容易被银禧花园中长满树木的林荫道遮挡。

威斯敏斯特码头、威斯敏斯特桥和维多利亚堤（建于 1870 年）相邻，邻近定位板块（图 3-6）。维多利亚堤沿途风景优美，树木成荫，能够吸引更多的步行者。从威斯敏斯特码头看圣保罗大教堂，可以从多层建筑和皇家庆典广场所形成的"峡谷"地带观望。因为可以看到建筑的穹顶和古典的柱廊，以及和背景建筑的和谐比例，因此该"峡谷"地带成为有重要价值意义的景观廊道。景观廊道的前景是皇家公园的南部，泰晤士河从南至北流经亨格福德桥，和背景相映成趣。由伦敦眼和圣保罗大教堂组成的中景把现代和古典交织在一起。这条视廊主要包括圣保罗大教堂、伦敦市政厅、皇家节日音乐厅、伦敦眼。除穹顶所限定的宽度保留外，还尽量协调前景建筑所建构的城市空间（图 3-7、图 3-8）。

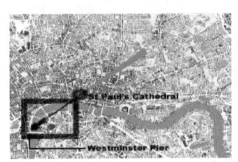

图 3-6　威斯敏斯特码头

图片来源：London View Management Framework-Draft SPG

图 3-7　对观测点进行的景观视廊保护　　图 3-8　从观测点远距离拍摄圣保罗大教堂

图片来源：London View Management Framework-Draft SPG　　图片来源：London View Management Framework-Draft SPG

广角眺望周边景观协议区指在各眺望点设定的眺望边界两端点与对象地标左右两端连接构成的内侧区域(图 3-9)。圣保罗大教堂相关区域宽幅扩大至 440 m(国会大厦相关区域宽幅仍为 300 m)。设定广角眺望周边景观协议区的目的在于,不仅从高楼大厦的夹缝中窥见对象地标,而且有相对开阔的视野进行观赏。该区域内虽无严格的开发高度控制,但如某项开发可能影响景观时,一般不会得到批准。此外,在不符合要求的现状建筑投影地区开发时,同样应严格控制建筑高度。制定重要的景观视廊是为了保护圣保罗大教堂不受到新建建筑的侵害。最长的一条视觉廊道长达 8 km,最短的也不少于 1.5 km。

图 3-9　从伦敦樱草山远眺圣保罗教堂

图片来源:London View Management Framework-Draft SPG

　　背景协议区指从眺望点看到的对象物背景所在区域。距离背景的深度依各眺望景观有所不同,一般设定为 2.5～4 km(上述实例为 2.5 km)。设定背景协议区的目的在于,避免在地标景观后建造类似屏风一样的建筑,维持地标本身所构成的天际线。该区域也无严格的高度控制,但对超越高度限制值(上述实例为标高 50 m)的开发一般均予以限制。为保护地标眺望景观不受破坏,通过协议进行引导。

　　现阶段无法预测高层建筑物对英国城市整体形态的破坏。伦敦市民意调查显示出市民对伦敦悠久历史城市轮廓线保护的渴望,以及对过去城市历史街区开放空间的热爱。圣保罗大教堂、泰晤士河、国会大厦等历史建筑在英国多处公园内都可以看到,这些公园因为拥有城市优美的天际线而享誉海内外,如海德公园每年接待近10亿人次的游客,而圣詹姆斯公园每年的游客量达到15亿人次,在这些开放空间里人们通常可以感受到城市的回归感。在城市中将历史的景观纳入视野范围,是非常可贵的。保护城市天际轮廓线要对重要地带背景协议区建筑高度做出最大和最小高度的限定,这需要在城市这个更大范围的区域制定建筑高度的控制级别,点对点、点对线、点对面的景观控制应从属于城市整体的控制体系,由此来保证视线通透。

3.3.3 法国

为了保护传统历史街道景观,法国早在1784年就实施建筑外轮廓控制,主要针对街道两旁建筑物的高度进行控制和管理。1902年在此基础上增加了斜线控制,利用这些措施对街道进行整体的规划,使街道建设更加符合人们的意愿。1930年颁布了《景观地保护法》。1962年颁布的《马尔罗法》规定,对划定的保护区内每一幢建筑都要进行测量规划,不能随意改动。1983年出台了《地方分权法》等法案,其中针对文化遗产保护进行了全面、详细的规定。1970年起开始研究制定用于观察景观保护的纺锤形控制区,主要应用于历史遗迹和风景名胜进行保护,避免建筑物的景观受到影响。主要应用方式是将目标观测对象的两端与观测者连成两条直线,这两条直线所构成的平面及其投影组成一个"纺锤体"。"纺锤体"就是建筑物屋脊两端与观测者构成的平面及其投影组成的立方体。为了使控制有更好的适应性,在纺锤形的上部平面以直线表示出等高线,即范围内建筑不可突破的高度。法国在设置基准高度时采用了一般水准点高度,在实际计算各个具体区域控制高度时,需由纺锤体控制高度减去水准点高度才能得出实际的限制高度。法国还于1995年出台了《土地占用规划与景观:法律篇》,其中指出纺锤形控制的作用范围以及具体的控制模式,从而利用这一控制方式实现对景观的保护。依据这些主要特征,巴黎的纺锤形控制主要包括三种,即"远景""全景""框景"。1977年至今,几乎覆盖整个巴黎上空共48条控制带,仍保持良好。1992年7月通过的《香榭丽舍街区规划》标志着此区域作为法国的象征进行保护,超越了国家保护规范。巴黎有48个历史和风景景区被划分为"纺锤体"控制目标。1993年《景观法》中详细指出,土地占用规划(POS)中应当设计景观要素;同年,法国通过的《景观(风景)保护再生法》使专项法规建设有了较大的发展。此外,在1993年将同年成立的建筑和城市遗产保护区更名为建筑、城市和风景遗产保护区。

3.3.4 日本

(一) 在法律法规方面

2004年6月，日本参议院通过了《景观法》、《实施景观法相关法律》和《城市绿地保全法》等三项法律，并于同年12月正式实施，通称"景观绿三法"。《景观法》明确了景观是"国民共同的资产"的理念，对建筑物、树木、公共设施（道路、桥梁、河流、海岸等）、农地、自然公园等的景观作用进行了定位，也明确了对于城市景观的形成至关重要的"景观区域"概念。在《景观法》中明确了景观规划范围，制定了景观规划区域良好景观的方针，提出对不利于形成良好景观的行为进行限制，确定"重要景观建筑物"或"重要景观树木"，规划或限制有必要形成良好景观的部分，具体包括：制定室外广告标示系统；重要道路、河流、城市公园、海岸、港湾、渔港以及其他公共设施的指定与规划内容的制定；农业景观的规划建设；与国家公园有关的区域的规划。

(二) 在实践领域

在城市建设层面上，景观控制往往重视城市规划范围以内的范围，忽视了城市周边区域景观的控制和引导景观。日本对富士山周边的视觉景观控制经历了长久的发展并取得了显著成效。富士山位于静冈县与山梨县交界处，是日本第一高峰，海拔3 776米，山脚下的原野广阔而美丽，从不同角度观赏有不同的视觉体验（图3-10、图3-11、图3-12）。日本为了保护富士山景观的完整性，严格控制了山体周边的建设。从日暮里富士见村观赏富士山，仅保留了一个完整的视线通廊。尽管市民多次上诉有关部门，但在现行法律下很难限制建筑的具体建设。1996年一栋10层的公寓在此视廊中建成，随后一栋13层建筑（NKF大厦）也计划在此区域建设，

图3-10　富士山景观
图片来源：段明子拍摄

图3-11　日暮里富士见村区位图
图片来源：http://images.google.com/image

图 3-12　1990—2005 年从 Nippori Fujimi 看富士山景观

图片来源：http://fujimizaka.yanesen.org/

市民为此组成了联盟，并详细记录了 NKF 大厦建成以前可以清晰地看到山景的位置，从山体西偏南的角度向下的方向以及偏离斜坡的斜度，看到的面宽，最高点的高度和最低的高度，从顶部到底部的距离等。

自 NKF 大厦计划建设以来，市民曾经多次和开发商、政府洽谈，希望挽救这不可修复的破坏。与此同时，电视、电台、杂志也对工程实施进行了言辞激烈的抵制报道。1964 年东京奥运会带动了整个东京的发展，也使东京的城市景观开始改变。虽然因城市空气污染很难看到富士山景观，但是从日暮里看富士山的景色仍然清晰(图 3-13)。

1969 年千代田地铁线开通并设置西日暮里站，日暮里富士见村周边开始迅速发展，1983 年站点周边建设了许多高层建筑，但是地平线的景观仍然可见，随后铁路两旁出现的高层建筑打破了这种格局。城市建设在中心区展开，山脚下围绕着不同的建筑，不断有办公建筑和住宅建筑突破山脊线。为此，1996 年开始了保全城市眺望山景的运动。当地市民为了修复富士山的整体景观，组成了保护富士山视觉公民联盟(CASF)，并于 2000 年开始至今每年对富士山日出的景观变化进行收集(图 3-14)，通过实地调查分析，从 Nippori Fujimi 地区观赏富士山制定了具体的视觉景观控制方法(图 3-15),在方案中将 NKF 大楼的高度从 13 层降低到 9 层(图 3-16、图 3-17)。

图 3-13 市民拍摄记录富士山日出的景象

图片来源:http://fujimizaka.yanesen.org/index-e.html

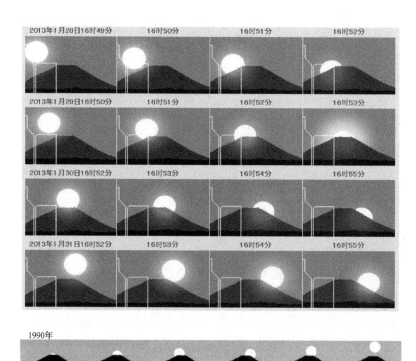

图 3-14 1990 年(下)和 2013 年(上)富士山日出的景观变化

图片来源:http://www1.ttcn.ne.jp/fujimizaka-hozen/

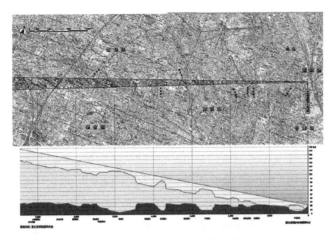

图 3-15　日本富士山控制高度线示意

图片来源：http://fujimizaka.yanesen.org/

图 3-16　NKF 大厦降层方案

图片来源：http://fujimizaka.yanesen.org/

图 3-17　2013 年从 Nippori Fujimi 看富士山景观

图片来源：http://fujimizaka.yanesen.org/

3.4 国内城市视觉景观控制政策法规与实践

3.4.1 香港

香港于 2002 年开始采用法律的手段对城市景观进行管理和控制，根据香港城市设计规划制定了相关的政策，其中涉及空气流通评估方法可行性研究报告等，为城市景观的建设提供了法律基础。

《城市设计指引》中明确说明要全面保护维多利亚港两岸山脊线景观，并根据 8 个不同的观景点分析观景结果，依据不同的结果进行评估，在此基础上制定相应的设计方案。另外，香港还出台了《景观视觉评估标准》（简称《标准》），为项目的实施提供了有效的评估依据。这一标准的重点内容包括新开发景观对视觉影响的程度、景观特性等。此外，这一标准从不同的建设阶段对其视觉影响进行控制，其中制定了具体的控制项目，从项目背景、基本情况、建设范围、视线影响预测等多个角度进行了分析和评估，有利于为建筑工作的进行提供必要的引导，保障其基本的建筑范围。

《标准》对城郊过渡地带、城市中心地带、滨海地带等各种重要城市景观地区提出了丰富城市空间层次感的控制方法。

（1）在市区边缘，为实现市区与乡郊区域的景观过渡，高层建筑应当设置在中心区域，由中心向四周辐射，高度逐渐降低。

（2）在新开发地区，为使新开发地区与地形和景观环境保持协调，新开发地区的景观需要与新市镇之间实现景观的协调一致，建筑物的高度应当逐渐降低，避免建筑物太过突兀。

（3）在文化、商业中心，要凸显城市特色，体现城市层次感，需要建立地标。

（4）在市镇中心，为营造视觉调剂和缓冲空间，可以突出利用低矮建筑物，例如社区会堂、学校等。

（5）在滨海空间，为了保证从海面看城市时空间具有较丰富的层次感，应发展出高低有致的高度轮廓，避免形成"墙壁效应"。

香港的视觉景观控制方法控制面非常详尽，也取得了较好的效果，其方法主要为定性控制。

3.4.2 武汉

自 1990 年以来，武汉市国土资源和规划局先后 6 次组织编制黄鹤楼视线保护及景观控制相关规划,对黄鹤楼周边区域建设进行了严格控制,使视线保护范围内的建筑高度得到有效控制,凸显了黄鹤楼与蛇山相得益彰的主体景观形象,以及黄鹤楼视通万里观长江的宏大气势。在规划引导下,通过采取建筑屋顶形式由平屋顶改为坡屋顶、立面整治等一系列措施,黄鹤楼周边景观环境得到了明显提升。

视线保护规划着重从"看"与"被看"两个层面进行总体控制,即:从黄鹤楼眺望城市重要景观区域的视线控制、从周边重要场所眺望黄鹤楼的视线控制。重点将从武昌桥头堡望黄鹤楼和从白云阁望黄鹤楼作为经典景观进行控制,确保"看得美";依次确定紫阳湖公园、辛亥革命博物院、十八星广场、南岸嘴、龙王庙公园、大禹治水园和鹦鹉洲长江大桥望黄鹤楼视线为重要控制视廊,保证"看得见"。

从"被看"层面确定将登临黄鹤楼观长江作为经典景观进行控制。依次确定长江大桥、龟山景区、晴川桥、南岸嘴公园、首义南轴线等为重点景观,保证视线通透看得见。同时对未来将形成的城市重点功能区(如武昌滨江商务区、汉正街中央服务区、楚河汉街地区等)作为协议控制区。

通过以上分析,总体形成"一核三面多廊"的视线控制方案。"一核"为以黄鹤楼为中心的 500 m 范围内区域。"三面"分别为:以黄鹤楼为视点,鹦鹉洲长江大桥与汉口江汉关之间 143°望江扇面;以白云阁为中心,临江大道、粮道街至彭刘杨路 54°望江扇面;以长江大桥桥头堡为视点,望黄鹤楼 40°扇面。"多廊"为南岸嘴、龙王庙等重点景观区域和节点与黄鹤楼之间的多条视线通廊。

针对黄鹤楼周边建筑形态及色彩杂乱、总体观感不佳的问题,规划将黄鹤楼周边区域分为核心控制区、中景控制区和远景引导区三个层次分别进行景观建设引导。

(1)核心控制区:以黄鹤楼为中心 500 m 半径范围,西起临江大道,东至胭脂路、武昌路,北至中华路、粮道街,南至彭刘阳路的区域。重点对建筑细节进行控制引导,加强建筑屋顶形式和屋顶绿化的改造,使建筑形式和色彩与黄鹤楼主体建筑形式和色彩相协调。打通东西向通江步道和南北向绿化通廊,结合街巷建设绿化网络,规范广告设置并取缔违章搭建。

(2)中景控制区:以黄鹤楼为中心约 2 km 范围,北至四马路,东至友谊大道,南至津水路,西至临江大道的区域。重点对建筑形态进行控制引导。建筑风貌应结合武昌古城的区片风貌定位,形成建筑低层低密、分区风格统一的格局。建筑屋顶宜采用坡屋顶式,建筑色彩避免与黄鹤楼主体色调冲突。面对黄鹤楼的建筑正投影面的开敞度应不低于 40%,避免形成街墙。此外,应规范设置户外广告。

(3)远景引导区:以黄鹤楼为中心 2 km 以外的地区。重点对外围城市轮廓线进行引导控制。结合周边重点功能区建设，通过引导功能区的地标建筑布局和高度控制，形成错落有致、层次丰富的城市天际轮廓线。

3.4.3 杭州

杭州率先开发和应用了"空间视觉信息系统"，对新建建筑对西湖的视觉景观的影响进行分析，避免城市建筑对自然风景构成直接"冲撞"。杭州为了建立这套系统，从整个城市角度进行了多项研究，包括高层簇群布点与控制研究、眺望景观通廊控制、建筑体量形态控制、城市广告规划等。配合这些研究，从西湖基本观景点眺望的结果对这些研究进行拓展或纠正，最终形成了西湖视觉景观控制的方法与原则。在"空间视觉信息系统"的直观感受下，对城市景观的控制实现了由"主观、感性"到"客观、可量化"的飞跃。杭州西湖自古有"三面云山一面城"的美景，吸引众多游客纷至沓来。为了保护这种景观格局，同时使城市发展不受限制，提出了"从西湖内任一视点看，均不允许有建筑露出云山范围"的原则，同时将湖心亭作为理论分析视点，并作为评测东岸城市建筑高度、体量及群体组合关系合理性的基础研究视点。在具体项目景观评价中，通过对同一项目多视点景观模拟效果的评价，对模拟效果中显示的最不利视点和合理高度进行分析，达到评价的目的。在对高层建筑控制（天际轮廓线）的研究中，对标志性建筑、建筑高度比例关系、高层建筑空间密度和建筑形态都提出了控制要求。一方面鼓励钱江新城等地区对单一、平直天际线的突破，另一方面严格禁止高层建筑对保俶塔和城隍阁背景区域的冲击。兼顾了景观保护与城市发展，实现了"云山掩城、塔阁限城、纵横织城"规划目标。对西溪湿地的控制同样采用各个视点模拟景观的方法，遵循在特定视点下观察到的周边建筑的透视高度不突破湿地植被高度的原则，实现对湿地周边建筑高度的控制。

3.5 我国视觉景观控制面临的问题

我国没有法定的单项视觉景观规划。国家对城市景观的调控和安排主要是通过城市规划来实施的。1990年颁布的《城市规划法》第十四条规定，编制城市规划应当注意保护历史文化遗产、城市传统风貌、地方特色和自然景观，从而明确了城市规划必须考虑景观问题。2006年建设部颁布的《城市规划编制办法》规定：总体规划应确定需要保护的风景名胜、文物古迹、传统街区并划定保护的控制范围，提出保护措施；针对历史文化名城要编制专门的保护规划分区规划，应确定文物古迹，对传统街区的保护范围提出空间形态的保护要求，控制性详细规划规定建筑类型、各地块建筑高度、建筑密度容积率、绿地率等控制指标，提出对各地块的建筑体量、形式、色彩等要求。可见由总体规划、分区规划、详细规划构成的城市规划体系是视觉景观的主要规划平台。其中，总体规划中的城市风貌形象规划侧重于景观的定位和总体布局，绿地规划、历史文化名城规划等内容均与视觉景观建设有关。

我国的《风景名胜区条例》规定了风景区的保护规划、建设违法责任等，较为集中地体现了景观法规的意义和作用。有关城市景观保护和规划的条款分散在各级各类城市规划和建设法规中。其中，总体规划对于景观总体建设的定位定性和布局安排具有法律效力。控制性规划对景观形成具有直接且重要的作用，但是作为建设的规范性文件，没有法律地位，部分城市在控制性规划基础上制定的土地使用管理规定具有地方法规的效力。总体来说，我国没有形成系统化的景观法规体系。

针对"城-景"边界区域，视觉景观规划缺少统一的标准，难以形成完整的体系。城市规划体系中没有针对"城-景"边界视觉景观进行范围划分，并制定建设方针和行政措施的内容。总体规划中的形象风貌规划对视觉景观的规定过于抽象，缺少操作性。详细规划规定的建设技术指标基本不能反映当地景观和文化特色，缺少设计引导内容，无法起到形态控制引导的作用。视觉景观规划设计手段日益趋于多样化，但是缺少与之相对应的行政管理体制予以保证，致使设计意图难以落实。目前，视觉景观是在城市规划体系内进行控制，规划管理体系中对景观的管理基本集中在风景区、历史街区和绿地等，而视觉廊道、天际线等景观控制内容缺少可行的控制管理，往往有规划而落不到实处。景观建设受主观意识影响大，行政机构难以进行操作。没有建立起景观设计和管理的有效机制，视觉景观建设偏重于特定地区的局部控制，缺少设计引导机制。

本章首先回顾了城市与风景区互动发展的历程，认识到城市风景区与城市的紧密关系，在考虑解决城市型风景区现存的矛盾时必须对此加以重视，既无法过分强调城市风景区的独立性，亦不可因本身的特点和与城市的关系而忽视风景区所具有的自然遗产和我国精神文化遗产的性质。同时要逐渐排除城市化过程中强加给城市风景区的不良特点和属性。边界形成的根本在于人的存在，最早是为了圈定城市，划定风景名胜区边界目的是保护景区重要遗产资源，限制城市用地扩张。从总体上看，"城-景"边界正在从封闭走向开放。其次，从本书对国内外视觉景观在政策法规与实践层面进行的梳理可以看出，国外对城市视觉景观控制已有相当长的历史。在欧美发达国家，历史保护地区的城市设计控制最为严格，原因在于西方对城市景观的控制源自对西方历史城镇的保护与管理。随着城市景观视觉管理意识的日益增强，历史建筑和历史地区都在不断增加，城市天际线的勾勒使得视觉景观对城市设计控制变得更为广泛，并且推动了设计控制实践在方法上和技术上的不断成熟，为规划提供了有益的经验。我国没有法定的单项视觉景观规划。国家对视觉景观的调控和安排主要是通过城市规划来实施。针对"城-景"边界区域，视觉景观规划缺少统一的标准，难以形成完整的体系。因此，下文将对如何通过视觉景观控制来解决"城-景"冲突的问题展开具体论证。

第四章
"城-景"边界区域视觉景观分析

视觉景观分析的目的是通过提取视觉感知范围、视觉感知对象形式和实体构成等信息,探求获取视觉美感的方式和途径。"城-景"边界区域包括多方面内容,面对城市复杂的建设环境,需要遴选出核心的要素重点提升。以人在不同视觉空间感受到的空间要素为依据,聚焦以下几个方面作为空间塑造最为核心的要素,包括天际线、景观主导面、景观视廊、路径序列、空间尺度(图4-1)。

图4-1 "城-景"边界区域视觉景观分析研究框架

4.1 天际线

城市天际线指景观地形与地物要素以天空为背景的连续画面,是由城市三维物质空间叠合形成的二维平面景观。为提高城市形象,城市天际线自19世纪以来已成为国内外各城市进行美学调控的重点对象,如1888年的伦敦、1900年的芝加哥、1910年的华盛顿、1916年的纽约、1926年的洛杉矶、1977年的麦迪逊、1985年的旧金山、1997年的温哥华及2005年的中国香港等纷纷对建筑高度与体量、后退红线或屋顶轮廓线进行控制,以此提升城市天际线的美感。由于针对"城-景"边界区域天际线的美学并未形成统一的评价标准,各城市采取的调控手段侧重点也不尽相同。因此,为了探索"城-景"边界区域天际线美学的有效手段,对天际线美学特征进行分析是前提。

4.1.1 构成要素

本书对"城-景"边界区域天际线构成要素的研究主要依据米歇尔·特瑞普(Michael Trieb)①划分的两类天际线构成要素,即自然要素和人工要素(表4-1)。自然要素主要包括地形、植物、水体以及环境要素。人工要素主要包括城市建筑群以及特殊构筑物。

表4-1 天际线构成要素

要素分类	构成要素	要素内容
自然要素	地形	大型山峰、小型山丘
	水体	河流、溪流、湖泊、海及瀑布等大型水体景观以及雨水产生的间接影响
	植被	覆盖在山体表面的森林、草地,城市大型公园绿地和树林
	环境要素	光照、温度和风向等产生的间接影响
人工要素	一般建筑群	建筑高度和体量不突出,是城市的构成主体
	高层建筑群	高度具有统领性的建筑群
	特殊形式建筑	城市标志性建筑

(一)自然要素

山体是构成天际线形态的重要自然要素之一。中国古代城市营造将用地与自然山体的位置关系作为重要选址条件。随着城市化不断推进及高层建筑大量涌现,现代城市天际线逐步演变为以高层建筑为主景,自然山体为背景的形态。在山岳型风景名胜区边界区域,视域内具有一定体量和高度的山体可以作为天际线背景。山体的高程变化增强了垂直空间的景观形态。布达拉宫位于拉萨市玛布日山上,是集寺院、宫殿和城堡为一体的宏伟建筑群,建筑与自然山体共同构成的天际

---

① 米歇尔·特瑞普作为德国知名城市规划专家,早在20世纪60年代就开始了对城市形态一系列的研究工作,并在70年代达到了学术高峰,提出了城市设计应当贯穿城市规划的全过程,并成为城市规划的红线这一设计理念。

线更显雄伟气势(图4-2)。除此之外,山体还是"城-景"边界区域天际线的自然观景点,杭州西湖边界区域的宝石山巅是俯瞰西湖景区的自然观景点(图4-3)。

图4-2 布达拉宫与山体构成天际线

图4-3 从宝石山眺望西湖

天际线中的水体指河流、溪流、湖泊、瀑布及海洋等大型水体景观,通常构成天际线的前景[①](图4-4)。滨水区域天际线底部的视域边界位于自然水面,滨河城市天际线一般沿着河道逐步展开,呈现连续、动态的线形,而滨海和具有连续开阔水域的滨江城市天际线则构成全方位、多角度的静态前景。水体是风景区的重要依托,既能够塑造天际线前景,为天际线景观的展现提供良好的视觉开放空间,又能增加天际线的空间层次,并使滨水区域成为观赏天际线的重要场所。

图4-4 杭州西湖的湖面水体构成天际线前景

植被主要包括山体覆被、草地等自然植被以及城市建成区中的各种绿地形式。良好的植被覆盖使山体更具景观性,城市各种水平或垂直形态的植被与人工建筑物相互融合,丰富了天际线色彩(图4-5)。

---

① 自景观城时,水体为边界区域的前景;自城观景时,水体为边界区域的背景。

图 4-5　净月潭风景名胜区林冠线

（二）人工要素

一般建筑群指相对高度和体量不突出的建筑群，其垂直形体景观相对弱化，但往往占据城市建构筑物土地利用的主要形式，在"城-景"边界区域天际线景观定位中一般以辅助的形式呈现，衬托天际线主体部分的垂直空间形态，或作为天际波峰（高度极大值）和波谷（高度极小值）过渡的形式。一般建筑群的总体体量类似，景观变化平缓，景观视觉整体性水平高，但建筑密度和体量过大的一般建筑群容易阻碍观赏视线，并影响天际线的变化性。

对高层建筑的界定，国内外有不同的高度标准。天际线中的高层建筑指垂直形体显著的建筑形式，往往是天际线制高点和整个区域的重要载体，其布局、高度、体量等都会直接影响天际线的形态和特征。城市人口的聚集和土地利用高度集约，推动了普通高层建筑、摩天楼等各种高层建筑数量不断增加，"城-景"边界天际线的轮廓也不断被抬高，对景观资源完整性构成威胁，如南京玄武湖风景区，整体设计高度达 450 米（包括 69 米天线）的紫峰大厦破坏了景区的天际线形态，对游客的观景体验造成消极影响。武汉东湖风景区亦如此，边界区域高层建筑群体对景区形成"墙式"围堵（图 4-6、图 4-7）。

天际线中的特殊形式建筑包括城市雕塑、塔、寺庙、宫殿、大型公共建筑等标志性建筑，具备高识别性的空间形体，是提高天际线识别性的关键要素。中西方古代城市的纵向空间设计中，标志着城市文化和权力的建构筑物往往是城市的最高点。中国古代城市的天际线平缓，建筑物大多为 1～3 层，建于山顶的风水塔、近港湾的

图 4-6　南京玄武湖边界区域紫峰大厦

图 4-7　武汉东湖风景区边界区域高层建筑群

镇海塔、寺庙中的佛塔等以其高度和文化属性成为城市地标,统领城市天际线的高度,如西湖的保俶塔、雷峰塔。

一些城市标志性建构筑物虽不具有高度优势,但凭借其特殊形式,也可作为城市天际线的前景和重要标志。如佛罗伦萨的圣母百花教堂凭借其承载的重要城市意象成为城市天际线的重要标志(图 4-8)。

大型水利设施、桥梁等其他人工构筑物以其独特造型成为城市天际线的重要组成部分和标志性景观,如佛罗伦萨的维琪奥桥(图 4-9)。

综合以上分析,对"城-景"边界区域天际线构成要素做出如下总结:尊重自然山水的格局和形态是前提,不可对其进行改造。建筑群在人为建设中成为影响城市天际线形态的主导因素(表 4-2)。

图 4-8 佛罗伦萨天际线

图 4-9 佛罗伦萨的维琪奥桥

表 4-2 要素的可控制性与影响程度

要素	可控制性	对天际线的影响程度
自然山体	弱	高
自然水体	弱	高
植被	中	中
城市布局	中	高
一般建筑物	强	低
高层建筑物	强	高

4.1.2 认知的变量

环境心理学研究表明,天际线由两个变量控制。其一是天际线曲折度。天际线由观赏者视野中建筑顶端的外轮廓线连接组成,是建筑群与天空相遇的界线。一般认为,天际线曲折度高,对观赏者认知的愉悦感也较高。其二是天际线层次感,指观赏者视野中,相对于观赏者视线方向的建筑界面所形成的不同层次。建筑群体距观赏者的距离不同,会形成不同层次的建筑界面,视野中不同距离的建筑物形成界面层次较多,对天际线认知愉悦感也较高。但是针对"城-景"边界区域天际线曲折度、层次感与观赏者感知的相关性还需进一步论证。

天际线两个认知变量在城市设计和规划控制中已经得到认同。在规划设计中,一般应用这两个变量评价城市天际线,类似规定也被纳入部分城市规划技术标准。在《香港规划标准与准则》的城市设计指引章节中,为控制和优化滨海城市天际线,明确提出需要保证从海面看城市时,空间具有较丰富的层次感;天际线需保留山脊线起伏并确保20%~30%山景不被建筑物遮挡(图4-10)。

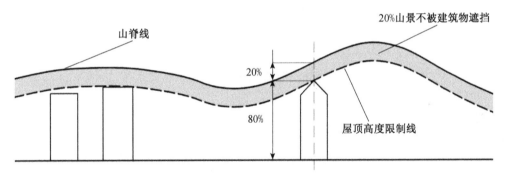

图4-10 香港城市设计指引对天际线控制要求
图片来源:《香港规划标准与准则》

4.1.3 曲折度分析

天际线是观赏者视野中的一条连续折线,国际上关于如何量化天际线轮廓已有部分研究,多采用数学方法进行描述。由于这些方法关注定量描述天际线上每一处细小变化,不符合规划设计中的关注对象,并且这些方法使用了较复杂的数学方法,难以为规划师、建筑师所理解和应用。

宏观尺度关注天际线大体走向趋势,可忽略线形上细小的曲折变化。规划设计中往往采用将天际线简化为连续曲线的手法,用简化曲线表达设计中的天际线。

简化后的曲线忽略了细小的曲折变化,突出显示了天际线主导走向变化。天际线上局部制高点、局部低点及其相互位置关系是天际线轮廓曲折度的关键控制点,关键控制点的对应建筑是构成天际线轮廓的关键建筑。对天际线轮廓曲折度控制的核心是如何表达局部制高点、局部低点及其相互关系。因此,曲折度变量需要建立在对天际线概括简化的基础上,概括简化应在保持局部制高点、局部低点及其相互位置关系不变的前提下,移除无关紧要的细小凹凸曲折形态,保留折线的基本走向并将其平滑成连续曲线。指数多项式(PAEK)平滑线法是地图学中用于制图综合的一种概括的简化复杂折线的方法,能够在保持复杂折线线形基本走向不变的前提下,提取出曲折走向的关键点,保留关键点之间的相互关系,将复杂折线平滑简化处理成连续曲线(图4-11)。

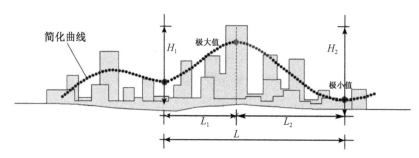

图4-11 天际线曲折度层次感指标

4.1.4 层次分析

在观察者视野中不同视距的建筑群体可视面构成了天际线的层次。不同层次的可视面积所占比例不同,一般认为由近景、中景和远景三个层次组成,通过各层次可视面面积的量化,可以表示在整体天际线中各层次所占的比例。如图4-12所示,三个层次对应近景、中景和远景的可视面积,表示为:第一层次 A_1、第二层次 A_2、第三层次 A_3(图4-12)。

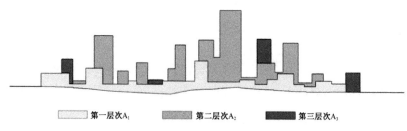

图4-12 天际线景观层次

4.1.5 动态分析

城市自身的发展过程原本就是一个历史的动态过程。就观赏者而言，随着行驶速度、方位和视线角度的变化，对天际线的感知也成为一个动态的过程，真实的动态天际线景观实际是一个由多种因素综合叠加的过程。例如不同观赏速度的方位和视角的变化、不同方位的视角变化等。本书对不同的影响因素进行分析，综合阐述"城-景"边界区域天际线景观动态性。

（一）观景速度

动态因素造成观察者对城市天际线感受的差异主要在于人行和车行的速度。不同速度在相同时间内需要造成的视觉刺激度不同，即车行速度要求的刺激性的景观节点之间的距离应大于人行速度要求的距离，导致不同观察速度形成不同层次的天际线感知，从而产生不同速度的景观需求。

（二）观察视角与方位

戈登·卡伦（Gordon Cullen）的空间形式理论认为，从普通观赏者视点来讲，视角均分比视线均分所带来的空间可感受性更清晰。当视距等分时，观景点前方的等分点与视点相连，形成的两个视角角度相差很大。当视角等分时，观察点前方的视距临界点靠近观察者。在此理论基础上，本节以方位和视角的变化作为观赏"城-景"边界天际线的动态因素，以观赏者在方位轴和视角轴动态位置的改变来研究不同观景点的天际线变化形态。

由于"城-景"边界区域天际线自身的多层次性，观赏者在不同位置以不同视角观赏天际线景观时，天际线景观均呈现不同的形态与特征（图 4-13）。位置的连续变化与视角的三维动态变化使观赏者感受到连续动态的天际线景观。

1）视角的变化

观赏者视点不变，视角在"仰视-平视-俯视"的变化过程中，建筑高度对天际线的主导作用由强变弱，平面山水格局的"城-景"关系显著加强，天际线层次逐渐丰富。水际线、城市轮廓线、山体轮廓线等均由最初低视角立面性的轮廓线叠加关系转为基本平行关系。

2）方位的变化

在整体层面，从不同视点的方位观赏"城-景"边界区域天际线，轮廓发生了明显变化，尤其在以山体为主导背景的天际线中，由于观赏者方位的变化，观看到的天际线形象不同。图 4-14 下左图显示的天际线有明显的两个一级控制点，而当从相机 1 的角度进行观看则会出现物体间的遮挡，从而感觉当时看到的天际线只有一个一级

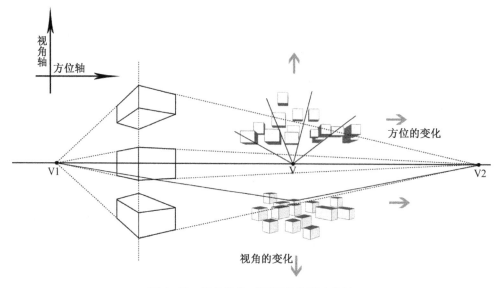

图 4-13　视角变化对天际线的影响分析

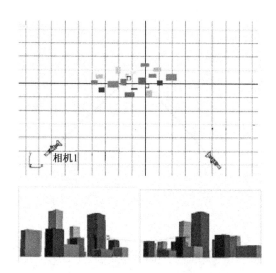

图 4-14　方位变化对天际线的影响

图片来源：作者自绘

控制点。而先前的另一个一级控制点的高度和体量都被削弱,已经退为次级控制点。

"城-景"边界天际线的动态效果受观赏者的方位、视角、速度影响,但是边界区域自身的建设是否为观赏者提供观看天际线多方位多角度的条件,是由其建设的原因和特点决定的。例如开阔的水面往往可以提供不同方位与视距的天际线效果,高耸的观景塔或山峰可以提供不同视角的天际线效果,丰富天际线的感知体验。

4.2 景观主导面

4.2.1 主导空间与主导面

界面是空间的限定,界面的组成可以是建筑、绿地、道路等实体要素,也可以是另一个空间的边界,即两个异质空间的交界面。从空间构成的角度出发,空间界面又可分为垂直界面和水平界面:水平界面多通过限制活动范围,划分不同场地和发挥引导作用;垂直界面因其在竖向上的变化,可以形成丰富的要素组合和空间层次。视觉景观的研究必须建立在景观空间的基础之上,以视觉要素作为信息的主要载体并主导空间特性的这一类空间是视觉空间。占据主导地位的视觉空间包含景观场所中具有代表性和显著特征的视觉要素,形成了"视觉主导空间"。视觉主导空间往往存在一个清晰的视觉界面,即"视觉主导空间界面"(visual-dominant facade),是该景观空间的主要观赏面,也是在观景点中所能观赏到最能反映该景观特征的界面[①]。在"城-景"边界区域景观主导面的研究中,将景区具有遗产属性的景观资源作为视觉的焦点,以其为中心发散形成多视觉主导空间,并对每个空间进行视觉景观分析,通过比较得出不同的空间界面类型(图4-15)。

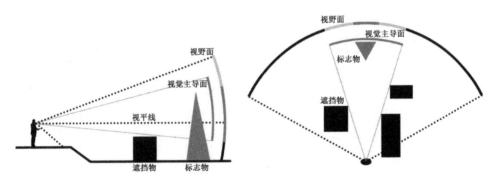

图4-15 主导空间与主导面示意图

4.2.2 特征分析

景观主导面重点分析主导要素所在视觉界面的景观层次、主导要素的地理特征及视线通廊的联系。通过对观景点空间特征的研究,得出视点的评价指数并将

---
① 刘滨谊,姜珊.纪念性景观的视觉特征解析[J].中国园林,2012,28(3):22-30.

其作为分析依据。通过景观视廊与标志物、景观层次、视锥与空间界面等对主导面进行分析。

在对景观视廊与主导要素的分析中,主要对各视点和地标之间的景观视廊进行长度估测和重合度的分析。部分视点拥有较为明确的视线通廊,同时与路径高度重合,说明这些视线通廊是基于路径的导向作用而产生的。研究主导要素之间的关系是为了打破孤立的研究单一主导要素的一种方法,是景观主导面研究中的重要问题。在景观层次的分析中,将视觉空间界面中的要素分为前景、中景和背景,对其进行景观层级的估算并做出等级划分。对景观的构图和画面感进行分析,并将其作为景观主导面研究的参考因子。在视锥与空间界面分析中,利用视觉的物理特性,通过数学模型计算出影响视觉空间的指数,实现视觉景观分析的量化。首先对视点到主导要素的水平距离 L 进行测量,根据视点绝对高程与主导要素的绝对高程之间的差值 ΔH 与水平距离 L 之间的函数关系计算出视点仰角。由于建筑的垂直景观高度并非到最高点屋顶为止,而是高于建筑最高点,根据视觉景观的构图原则,主导要素的垂直景观高度为两倍的建筑高度,因此,分析中的垂直景观角度 a 应高于主导要素的最高点。另外,部分视点存在遮挡物对地标建筑的干扰,在计算过程中应予以剪除。为方便计算,将视觉景观主导界面 S 简化为水平景观弧长 A 与垂直景观弧长 B 的乘积,其公式为:

$$S = A \times B = \frac{a\pi L}{180°} \times \frac{b\pi L}{180°} \tag{4-1}$$

而视觉主导面的影响程度 V 通过视觉主导面 S 占视觉空间界面 S' 的比例进行衡量,其公式为:

$$V = \frac{S}{S'} = \frac{\left(\frac{\pi L}{180°}\right)^2}{\frac{7}{36} \times \frac{1}{3}\pi L^2} = kab \tag{4-2}$$

其中 k 为常量。经过计算,可以得出主导要素对每个视点的视觉空间影响程度值。值越大,主导要素对视点空间环境上的影响就越显著。需要指出,视觉空间影响程度低的主导要素并不完全代表其视觉景观质量,还需结合环境要素进行综合分析。

4.2.3 类型划分

根据现状调研,可将景观主导界面分为四大类别,分别是:交通与视线通廊高度重合的引导型视觉主导空间界面;与城市天际线相融的扩展型视觉主导空间界面;拥有丰富层次的渐进型视觉主导空间界面;无明显视线通廊且主导界面不完整的残缺型视觉空间界面。

(一) 引导型

引导型景观主导面在视觉空间形态上拥有狭长的视线通廊,并通过可到达的路径引导。此视觉空间界面类型的街道视点距离 D 与建筑高度 H 之比(D/H)比较小,适宜人行尺度,而主导要素作为视觉焦点也起到很强的引导作用。根据不同的环境特征,又可将引导型视觉主导空间界面分为三小类:单一环境要素的引导型视觉主导空间界面(以下简称类型 A);复杂环境要素的引导型视觉主导空间界面(以下简称类型 B);统一环境要素的引导型视觉主导空间界面(以下简称类型 C)。其中:类型 A 是基于背景区的视觉主导空间界面,其环境要素以生活场景为主,功能单一,但视觉主导空间具有引导型,主导要素的视觉影响更为显著,并且类型 A 处于背景区,"城-景"边界视觉景观主导要素的文化影响力更容易在此得到扩展;类型 B 是基于边界区域服务区域的视觉主导空间界面,环境要素多样且杂乱,主导要素的视觉影响和文化影响都有所减弱;类型 C 是基于文化特色区的视觉主导空间界面,其环境要素本身拥有一定的统一性,加之主导要素的文化影响,更容易引起城市与景区的交流和碰撞,达到互相促进的作用(图 4-16)。

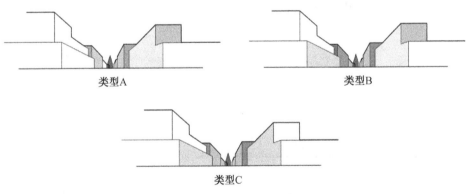

图 4-16　三类引导型景观主导面

(二) 扩展型

扩展型景观主导界面以城市或景区为背景,景观主导要素也作为天际线的一部分。此视觉空间界面类型必须拥有开阔的视野,能看到完整的城市景观界面,景观主导要素并非绝对的主景,但会成为整个视觉界面中重要的要素。整个视觉界面拥有扩展性,环境特征受主导要素的影响趋于统一。另外,扩展型景观主导面需结合相对高程更高的视点,可观察到多重主导要素。此时,主导要素不再是单一的视觉焦点,转而成为重要景观节点视线通廊的端点或转折点,起到视觉景观序列的起始或转折作用(图4-17)。

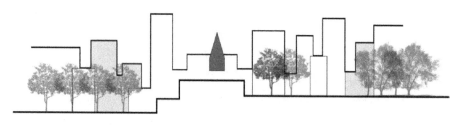

图4-17　扩展型景观主导界面

(三) 渐近型

渐进型景观主导面与引导型视觉主导空间界面类似,主导要素作为视觉空间界面的中心。相对于引导型,渐进型的视觉主导空间并不显著,原因有三个:第一,渐进型的 D/H 更大,视觉的收缩作用相对减弱。第二,其空间尺度更大,主要是依托于边界区域主干道的车行尺度,两侧的功能型建筑高低错落,以及添加行道树和绿化带,很大程度上丰富了视觉空间的内容。第三,渐进型主导面基本处于边界服务区域。多种环境要素的叠加使得视线并不能立刻被主导要素吸引,而是在视线通廊的引导下,通过环境要素和空间变化渐渐聚焦于主导要素之上(图4-18)。

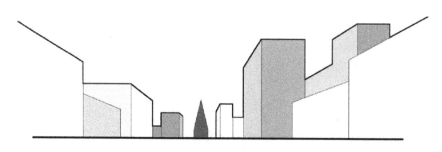

图4-18　渐进型景观主导面

(四) 残缺型

在残缺型景观主导面中,主导要素并不起视觉主导作用。由于障碍物的遮挡,标志物的景观面残缺不全,或是只露出一部分。在这样的视觉空间界面中,主导要素的视觉影响最低。视线往往被前方的建构筑物所吸引,主导要素混于众多的要素中,视觉界面却具有一定的趣味性,成为视线寻找的方向和动力,指导观赏者进一步探索(图4-19)。

残缺型视觉空间-A

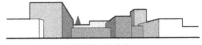
残缺型视觉空间-B

图 4-19　残缺型景观主导面

景观主导面可根据不同的空间特征和文化特征进行较为明确的分类,从分类结果可以直观地了解到景观主导面的多样性,同时也反映出所存在的问题。基于以上结论,对"城-景"边界景观主导面系统构建提出几点建议:一是在"城-景"边界区域视觉景观规划建设中应考虑其与主导面的相互作用,予以不同的规划对策;二是受主导要素影响的视觉空间在设计和改造的过程中需明确主次关系,更好地发挥主导要素的积极作用;三是主导面视觉景观影响下的环境要素要统一,使主导要素在其周边其他景观节点的视觉影响互相渗透;四是在主导要素系统规划的层面下设置重要观景点、留出足够的视线通廊,使主导要素之间产生视线上的连接。

4.3　景观视廊

从物理学上讲,人看到物体是由于物体表面反射的光线进入人眼,光线真实存在,而视线则是人假想的,由于人眼有一定的视角,视线的集合构成了一个类似锥体的视觉区域,这种线形的假定空间区域称为视廊。

4.3.1　"视觉走廊"与"视线通廊"

景观视廊包括两种含义:其一是景观视觉走廊,观赏者沿观景路径行走时,其视觉范围内所有风景在路径上的投影所形成的与景区路径相对应的视觉廊道,以道路为主,强调对景观序列的观赏过程;其二是景观视线通廊,不囿于道路,强调远距离的视线交流,二者对景观视廊控制体系的建立起到重要作用。巴黎老城中心与新的CBD有多条视觉廊道相接,廊道的形式多样,可以依托城市道路,也可以设置专门通向河畔的绿色廊道(图 4-20)。

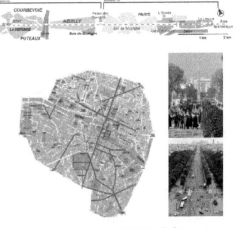

图 4-20　巴黎视觉走廊
图片来源:www.qyer.com

为了使观景点与景点之间(或景点与景点之间)建立良好的对视关系,在城市中建立"视线通廊"。视线通廊保证了两点之间不进行超过视线要求高度的建设,以实现良好的视觉沟通。如巴塞罗那的西班牙广场与加泰罗尼亚国家美术馆形成视觉通廊(图 4-21)。

图 4-21　巴塞罗那加泰罗尼亚国家美术馆的视觉通廊

4.3.2　景观视廊类型

景观视廊分类的目的在于通过不同划分种类确定景观视廊的空间影响要素,并对其进行归纳总结,以确定出针对不同视廊的控制方法。由于观景点和观景对象都有点状和线状之分,因此按照两者的形态可以分为点到点的景观视廊、点到线的景观视廊、线到点的景观视廊、线到线的景观视廊(图 4-22)。

图 4-22　不同形态观景点、观景对象形成的景观视廊

(一) 点到点的景观视廊

点到点的景观视廊指固定观景点与固定景观点之间的视廊,视觉感知固定,通常控制范围呈线状,这类分析方法主要运用在:① 城市主要公共空间对有一定高度和标志性的固定景观资源的眺望;② 城市或景区制高点之间的眺望;③ 通向风

景区景观资源的指向性通道空间,依托城市中的道路、河流等绿色廊道型空间形成视觉廊道,通过控制视廊内建筑物以及选取可以观赏景区重要景观资源的观景点,实现城市共享景观资源的研究目标(图4-23、图4-24),如巴黎凯旋门以香榭丽舍大街为依托形成视觉廊道(图4-25)。现实的情况中,城市型风景区有丰富景观资源的,城市与景区往往被两个或两个以上相同或不同等级的视廊控制范围覆盖。

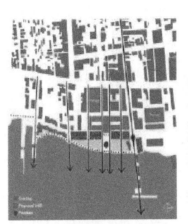

图4-23 视廊以道路为依托

图4-24 查尔斯顿滨水区域
图片来源:王晓俊《西方现代园林设计》

图4-25 从香榭丽舍大街眺望凯旋门

在技术方法上景观视廊分析主要利用GIS三维分析技术,确定观景点到景点或景点之间是否可以互视,视廊是否有遮挡,被什么遮挡。具体操作如下:在三维地表面的基础上,利用GIS三维分析技术的通视线工具,设置视点高度为1.6 m,从观景点向景点设置一条视线,得出该视线的可视情况,并用深浅颜色进行划分,浅色部分是可以看到的地表面,而深色部分为不可见的地表面。

在建立地表面时,需将建筑加入地表面中,具体做法为:

① 求得建筑屋顶标高。根据研究区域建筑基底高程加上建筑高度,可得到建筑屋顶标高。屋顶标高=基底高程+层数×3。

② 根据建筑屋顶标高将建筑转换为栅格数据。

③ 用栅格式建筑替换栅格地表面上对应的建筑区域,使这些区域的栅格值变成建筑屋顶标高值。

(二) 点到线的景观视廊

点到线的景观视廊其观景点固定,景观资源有一定的体量或连续感,超过单一方向的视角宽度,类似于环视,如山体形成的连续景观。在实际操作中,一般情况下很难将其分解为多个点到点的景观视廊进行分析,因此以观景点到所去的景观线构建视面进行分析(图4-26)。

图4-26 从西湖东岸亲水平台观看远方山体

(三)线到点的景观视廊

线到点的景观视廊指连续视点与固定景观点之间的景观视廊,观景点同目标的远近、高低关系始终在变化,主要运用于现有观景道路与观景点之间的建设高度控制。通常在GIS中将观景道路提高到视高,即观景点的路径。在此路径与景观点之间构建一个面,原则上在此面以上区域为不可建设区域,在此面以下为可建设区域,将这个面上的高度数据与地形数据进行计算,得出可建设高度即控制高度。

(四)线到线的景观视廊

线到线的景观视廊指在连续变化的视点观察连续的景观,如在西湖游船路线观赏东岸城市景观。通过GIS构建TIN模型,从一条线上的每个点出发在另一条线上寻找距离最近的一点,两点之间用直线段相连,通过无数的线构成不规则面,如视点和观景对象之间的遮蔽物在这个面以下,即不对目标景观产生遮挡。此方法所得出的结果并不能保证每一个视点都能完全看到连续景观上的每一点,而仅仅是与其相对较近的区域。

4.4 路径序列分析

4.4.1 路径

"路径"(path)在各种领域都有广泛的应用。究其含义包括两方面:① 道路;

② 到达目的地的路线①。路径具有双重属性：实体性与通达性。实体性指在城市、乡村、自然环境中人工或自然形成的道路；而通达性指路径通常作为连接不同节点的"线"。路径空间具有拓扑性，可以是直线、曲线和折线。但无论形态如何，路径均是由景观起点导向其连接的景观终点的空间系统(图4-27)。

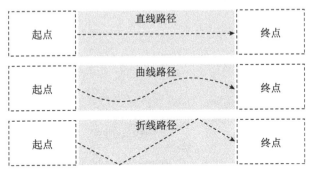

图4-27　路径的三种方式

人们对景观整体的体验包括由路径主导的"接近—展现"过程和"穿行—体验"过程②。在"城-景"边界区域视觉景观研究中，路径具有引导作用，主要分为三类：步行道、车行道、游船路线。步行道是最常见也最直观的路径载体，通常遵循地形走势而设。曲折的步行道蜿蜒盘绕，迂回前进，营造出移步易景、引人入胜的视觉体验。车行道分为自行车道与机动车道，为观赏者提供不同速度下的观景体验。游船路线主要出现在以水体为主的风景区，如西湖设置了游船航线。

4.4.2　路径与视点

路径行走是目标的不断更新与方向不断更正的过程。观赏者在"城-景"边界区域观赏过程中主要有三个动作：行走、更新目标、更正方向。路径是承载观赏者与观赏目标的主要媒介，影响观赏者接近、认知景物的方式。将不同景源串联，沿途开辟不同视点，使得路径空间更具有戏剧性和偶然性。观赏者在游览中可穿透植被的遮挡看到景观，透过近景看到局部远景，也可从高处俯瞰整体景观。目标明确的路径要求尽快到达目的地，路径呈一条直线，整个路径感知主要受目的地引导。直线路径的自动感知区域是能清楚感知的视觉廊道(图4-28)。

对于没有明确目的的路径，其线形的转换使沿途景观不断变化。观赏者在路

---

① 引自《现代汉语大词典》。
② 郑祈，华晓宁.山水风景与建筑[M].南京：东南大学出版社，2007：65.

图 4-28　直线路径示意图

径上行进的过程成为阅读沿途开放空间的过程,沿途层次丰富的景观提升了行进过程的吸引力(图 4-29)。

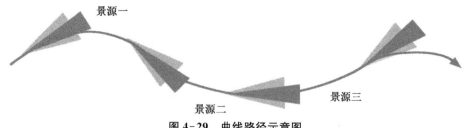

图 4-29　曲线路径示意图

曲线路径布局切记只关注本身形式,应根据实际地形和相关的景观要素确定布局(沿途的视觉吸引)。缺乏视觉景观控制的路径会使观赏者感到乏味,违背观赏者本身的活动规则,还会导致场所因抄近道的行为遭到破坏(图 4-30)。

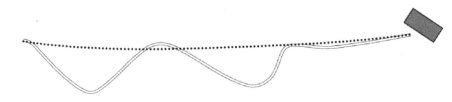

图 4-30　缺乏视觉控制的曲线路径

因此,边界区域曲线路径应结合风景区不同区位的景观资源布局,曲线随视觉联系和视觉约束而定,寻求与景区产生视觉对话(图 4-31)。

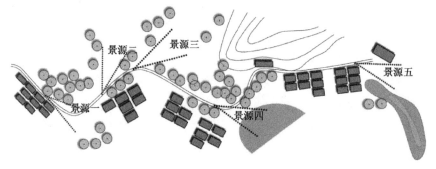

图 4-31　路径导向、观赏视点与景源之间的空间关系

4.4.3 路径空间序列

运动作为人在空间中存在的方式之一,随着运动的进行,人们在所处环境中获得了一系列连续印象,最终形成对环境的抽象认知和归纳后的整体认知。这种认知,不是单纯的各空间认知的叠加,而是会随着空间组织和布局发生变化(图4-32)。本书将有组织的空间组合称为景观空间序列,探讨如何控制"城-景"边界区域各空间的组织方式,并与观赏者的动态体验产生联系。

图4-32 景观序列流动性图式

"空间序列"由不同类型的空间依据一定方式排列而成,人在连续运动中对其变化的空间产生持续性的感知体验。路径空间序列指通过路径的空间导向,游客进行从开端、发展、高潮到最后结束的连续性时空体验,包括空间、时间、情感三个方面[1](图4-33)。观赏者在边界区域行走的行为是不断寻找目标的过程。人们潜意识里总是倾向于以环境特征明确的景观节点作为前进目标,并在记忆中存留这些目标的空间特征,景观空间序列在空间上可以抽象为节点空间与路径组成的空间系统。

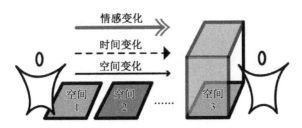

图4-33 景观空间序列中的空间、时间、情感变化

由于片段式的静态空间不足以满足人们对风景区的整体理解,需要通过加入时间维度对眼前的空间不间断地进行视知觉体验。时间是人沿景观移动的空间排

---

[1] 刘滨谊,张亭.基于视觉感受的景观空间序列组织[J],中国园林,2010,26(11):31.

列的顺序；反过来，空间序列也可看作时间上安排的一系列体验，空间关系以人运动的时间长短和顺序来体现。相对于整个时间轴线来说，每一点的体验都可以看作是暂时的。景观空间序列中的时间划分为进入新空间的瞬时时间和时间点之间的历时时间段，忽略那些空间体验之外的长期停留时间。

景观空间序列的产生来自人行为的连续性，空间因人的活动次序以时间先后为线索演化为一系列空间的组合。本书仅考虑步行这一行为方式，并将行为简单区分为步行与驻足（动态观赏与静态观赏）。

景观空间序列感受是对各个空间感知、比较、联想，最终形成完整印象的过程，是暂时体验差异性与整体一致性的统一，在潜意识中可以分解为以下四个层面：首先，观赏者进入新空间时，了解和选取需要的信息，对空间形成感知；其次，经历2个以上节点空间后，观赏者有意或无意地对各个空间的信息进行比较，产生对下一节点的期待和预测；再次，观赏者将预测结果与新接受的环境信息相比较，唤起情感上的反应；最后，观赏者将所有节点信息和比较结果联想起来，形成整体印象并做出评价。由此得出，"城-景"观边界区域视觉景观序列应该具有的特征是：多样与统一、节奏与韵律。

4.5　空间尺度

4.5.1　内涵

尺度[①]是用来衡量事物的标准，原义是以尺来度量，尺是工具，度是动作用语，意为用特定的标准评价事物。尺度可以衡量物体重量和大小，所蕴含的多义性引发众多学者与学科的多角度探讨，更是成为城市、建筑与景观空间研究的重要领域。汉斯·布鲁梅菲尔德（H. Blumenfeld）在《城市规划中的尺度》中认为，尺度是外部环境设计的根本要素，是人建成环境感受的基点。扬·盖尔（Jan Gehl）在《人性化的城市》中通过结合人的知觉特性分析各种交往场所和距离与强度，以此来确定理解城市空间尺度。克利夫·芒福汀在《美化与装饰》等著作中对尺度及相关概念进行总结，认为"尺度取决于某度量系统与另一度量系统之间的比较，人是建成

---

① 根据牛津词典定义，尺度（scale）一词来源有两个：一是来自古老的挪威语词根 skal，即"碗状"的意思，后来表示鱼或爬虫的鳞或鳞状肉以及公正评判的意思，而引申后的意义为通过物体配对法来测量物体的重量，即天平或秤的意思；二是拉丁语词根 scala（梯子），表示音阶或爬墙的意思，后引申为可以通过数步子的方法来测定物体的长度，即测量的意思。

环境的量度标尺。城市空间及其建筑外部的视野质量和城市改造或整合,都与城市景观的正确尺度紧密联系"[①],而"人体尺度是对实际尺寸的一个度量,是建筑物、街道、广场的维度被用来和人类形体的比例进行比较"[②]。尺度经常受到个人主观因素的影响,通常被人所感知的不是其真实准确的尺寸、距离,而是对于人类主观而言的相对尺度。

空间尺度指人对空间或实体在时空维度上的度量和感受。空间可以分为单视场空间和空间序列两类(图4-34),因此空间尺度包括单视场空间尺度和空间序列尺度两方面的内容。单视场空间尺度指人对单一空间的大小、长短、宽窄、远近、范围、体量、封闭与开敞程度以及构成空间实体尺度的感知。尺度从不同角度反映空间的量,对量的研究可以促进宜人尺度空间的设计。空间序列尺度指空间序列的长度及空间转换的频率,空间序列的长度反映空间的区域规模和空间组织方式,转换的频率可以提供多样化的空间感受,创造丰富多样、流动变化的空间,使人们从尺度的变化手法中潜移默化地体验空间形式的转换,因此,空间序列尺度是创造前文提到的优质景观序列空间的重要因素。

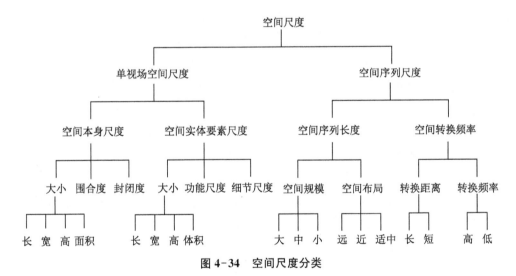

图4-34 空间尺度分类

---

① 克利夫·芒福汀,泰纳·欧克,史蒂文·蒂斯迪尔. 美化与装饰[M]. 韩冬青,李东,屠苏南,译. 北京:中国建筑工业出版社,2004.
② 克利夫·芒福汀. 街道与广场[M]. 张永刚,陆卫东,译. 北京:中国建筑工业出版社,2004.

4.5.2 决定因素

在"城-景"边界区域中,视线可以根据人眼被空间中的位置、边界等所吸引而自由地变换移动。景观空间尺度对人们的注意力有非常大的影响。冯纪忠、刘滨谊用"旷奥"两字凝练出景观空间的丰富性,提出"空间限定"是指风景空间中诸要素对观赏者的围合程度,它主要受观赏者所在空间范围内的空间垂直因素的影响。空间限定有两个特征:开敞和闭合。开敞的空间就是开阔的、平坦的、表面质地简洁统一的场面,大尺度空间里通过不同围合手法的处理,可以营造出不同的空间,其空间尺度越大,吸引人视觉的要素就越多,注意力越容易分散。闭合的空间是由天穹、外部空间的垂直物,如山体、林木和水平展开的不同对比性质地所限定的围合的场面。小尺度的空间可以有效减少周边的噪声,避免游人因过多要素的视觉吸引造成注意力的分散,创造出围合感。这两个特征形成风景空间"旷奥"的基本特征。

4.5.3 尺度、尺寸、比例

尺度的量度特性在实际生活中往往与"尺寸"及"比例"相互混淆。程大锦等在《建筑:形式、空间和秩序》中对三者进行了区分,他认为尺度是指某物比照参考标准或其他物体大小时的尺寸;比例则是指一个部分与另外一个部分或整体之间的适宜或和谐的关系。这种关系可能不仅仅是重要性大小的关系,也是数量大小与级别高低的关系[①]。

由此可见,尺寸是指对象的绝对物理大小量度,是物体或空间的物质属性。比例是表达一种元素与另一种元素,在建筑领域常表示为空间各个部分之间的量度关系,如整体或局部的高低、宽窄、大小等尺寸之间的对比关系,具有相对的客观性。而尺度除了有以上的量度关系外,更重要的是,它是指人与外部事物之间的比例关系以及此种关系给予人的知觉感受,因此它是以人作为物体或空间形态的量度标尺。也就是说,比例是反映尺度的关系,从属于尺度概念。尺度是人类自身(包括肢体、视觉和思维)衡量客观世界和主观世界相关关系的一种准则。尺度具有以下特征:① 是人类认识自身以及客观事物的一种方式;② 比较和差别是基础;③ 具有无限多个层次。

尺度不能混淆于尺寸,尺寸是指物体精确的绝对大小的数值,而尺度是人对物体或空间体量的视觉和心理估量。尺寸是尺度的一部分,它可以是空间某一方面

---

① 程大锦,刘丛红. 建筑:形式、空间和秩序[M]. 天津:天津大学出版社,2005.

的单独数据,而尺度则是通过人自身与其他物体之间的比例关系比较形成。空间通常是由实体集中或围合形成,要测量空间尺寸的大小,实际上测量的是形成空间的实体,而不是抽象意义的"空间",因此,对空间尺度数据的研究是对组成空间的实体特性的研究。尺度通过视觉直观地被感知,但是要得到精确、客观的尺度,应依靠具体尺寸来具体测量。

古罗马建筑学家维特鲁威在《建筑十书》中认为"比例是在一切建筑中细部和整体服从一定的模数从而产生均衡的方法"。空间比例描述的是形成空间的实体自身尺寸比值或者实体之间的比值,以及整体空间的内部划分所产生的各个小空间的比值。程大锦等在《建筑:形式·空间和秩序》一书中说道:"尺度是指某物比照参考标准或其他物体大小时的尺寸,比例则是指一个部分与另一个部分或整体之间的适宜或和谐的关系"。根据比例的定义可以看出,尺度与比例有一定的关系,比例从属于尺度,是尺度概念中的一部分,尺度包含比例和人性尺度的双重概念,所以空间有好的尺度,必然有好的比例,但只有好的比例却未必产生好的尺度。尺度与比例的不同之处在于,比例是客观事物整体与局部之间存在着的合乎逻辑、和谐的关系,是客观事物本身的量之间的比较关系,偏向客观的物与物比较。比例不像尺度那样还包含人的因素,比例较为客观,不体现人的尺度。而尺度的本质是人与物体的和谐关系,追求人与物体之间的比较关系。换句话说,也就是使空间与周边环境形成和谐关系的同时,还要关照空间与人的相对关系。

4.5.4 广场尺度

关于广场断面应采用何种比例适宜的界面关系问题,各种理论基本上是从人能恰当地欣赏到广场界面的角度来探讨,以保证城市公共空间能产生出人性化的适宜尺度感。早在古希腊、古罗马时期,城市广场的尺度就受到格外关注,到文艺复兴时期,阿尔伯蒂、帕拉第奥等开始对城市广场尺度形态进行理论探索。

阿尔伯蒂在《营造实务》中根据不同的广场功能对其进行了分类,并探讨了应用于所有广场的普遍比例准则,认为广场四周柱廊的高度和广场尺寸应该有一个合适的比例值,"一个广场上适宜的建筑高度,是开敞空间宽度的三分之一"。帕拉第奥认可阿尔伯蒂的说法,认为广场的宽度(D)与建筑高度(H)之比应在 1~6 之间,但他通过引证典型的古罗马广场进一步缩减了范围,概括了围合建筑物的高度与空间宽度的比宜为 1:2.5~1:1.75。卡米诺·西特则认为广场要取得与周围建筑物较好的尺度关系,其宽度应基本介于主要建筑的高度距离和两倍高度距离之间,即 $1 \leqslant D/H \leqslant 2$。凯文·林奇认为"超过 110 m 的空间尺度在良好的城市空间中是罕见的,而 25 m 左右的空间尺度则是社会环境中的舒适尺度"。吉伯德在《市镇设计》中对界定广场空间围合度的尺度关系进行过总结:当个体的垂直视角占据 45°时(高宽比为 1∶1),此时空间围合性良好;个体的垂直视角占据 30°时(高宽比为 1∶2),具有一定的围合感,是创造围合性空间的极限数值;个体的垂直视角占据 18°(高宽比为 1∶3)时,建筑成为背景的一部分,空间离散,围合感差;个体的垂直视角为 14°时(高宽比为 1∶4),空间基本不具备围合性,观察者只能从轮廓意识到它的存在。黑格曼和佩茨、保罗·达韦德·施普赖雷根也大都得出了相似的结论,认为比例在 $1 \leqslant D/H \leqslant 2$ 时能有效保证广场围合性的适宜尺度。

格哈德·库德斯(Gerhard Curdes)也对广场空间的围合度进行了研究,认为基面尺寸较小的广场可利用高大界面进行围合,并概括出空间宽度(D)和围合建筑物的高度(H)的比值 D/H 约为 $1/1 \sim 3/2$ 时,空间围合性强且具有亲近感,当数值为 $5 \sim 8$ 时,空间会变得过于开敞,可作为集体活动之用。但如果广场基面尺寸较大,D/H 数值必须达到 $3 \sim 4$ 时才会具有围合性与私密感。

4.5.5 街道尺度

"城-景"边界区域街道的尺度研究主要包括日本建筑师芦原义信提出的街道宽高比,用以表征街道界面在垂直维度上的形态特征。其还提出了街道的面宽比参数,用以表征街道界面在水平维度上的节奏变化。芦原义信在《街道的美学》中针对不同人体心理感知加以量化分析,论述了街道空间的形式感与人对空间体验感受之间的规律与设计方法,对于城市空间形态美的分析和设计影响深远。他提出空间宽度(D)与围合界面的高度(H)之比在 $1 \sim 2$ 是比较适宜的比例。当 $D/H < 1$ 时,两建筑之间存在着极强的亲和力,易于产生较强的空间压抑感;而当 $D/H > 1$ 并继续增大时,围合空间开始出现分离、排斥的倾向而趋于离散;当 $D/H = 1$ 时,人们会产生一种既内聚又不压抑的感觉,空间保持良好的匀称感(图 4-35)。

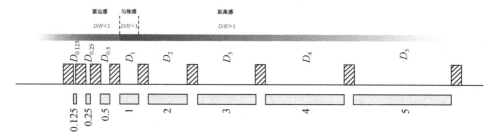

图 4-35 *D/H* 示意图

图片来源:《街道的美学》

美国学者阿兰·雅各布斯(Allan Jacobs)在《伟大的街道》中,从城市美学的角度对如何形成美好的街道进行了大量细致的实证研究。对世界上诸多著名街道进行实地调研后进行数据统计分析,得出优秀街道具有共同特征,即街道高宽比基本在0.25～2.5范围内,同时部分国外著名的林荫大道则是通过密集排列的行道树对街道进行二次界定,并通过现场观察与实测得出了以下结论:当观察者实现与街道平行方向成30°夹角向街道对侧张望,在观察者视觉焦点处建筑物体的垂直高度与二者之间的水平距离之比不低于1:4的情况下,沿街建筑本身才大体可以提供一种边界限定的感觉。将上述比值转化为街道横截面的比例数值,与芦原义信所得出的 D/H 在1～2范围内尺度适宜的研究基本一致。详见表4-3。

表4-3 不同学者关于街道与广场尺度的建议

学者	建议
芦原义信	街道宽高比为 $1 \leqslant D/H \leqslant 2$,外部空间变化模数:20～25 m
克利夫·芒福汀	$1 \leqslant D/H \leqslant 6$
卡米诺·西特	广场基面尺寸15～21 m, $1 \leqslant D/H \leqslant 2$
凯文·林奇	街道与广场基面尺寸为25 m
吉伯德	街道尺度为25 m, $1 \leqslant D/H \leqslant 2$
帕拉第奥	广场宽高比为 $2/5 \leqslant D/H \leqslant 4/7$
格哈德·库德斯	小型广场宽高比为 $1 \leqslant D/H \leqslant 1.5$,中型广场宽高比为 $3 \leqslant D/H \leqslant 4$
阿兰·雅各布斯	街道宽高比为 $1 \leqslant D/H \leqslant 2$
梅尔滕斯	街道宽高比为 $1 \leqslant D/H \leqslant 4$
阿尔伯蒂	广场宽高比为 $1 \leqslant D/H \leqslant 6$

本章主要对天际线、景观主导面、景观视廊、景观序列、空间尺度进行分析。意义在于细致的寻找能够解决问题的主线,并以此解决问题。天际线主要受两个变量控制,即曲折度及层次感。景观视廊按观景点与观景对象的形态可以分为点到点的景观视廊、点到线的景观视廊、线到点的景观视廊、线到线的景观视廊,以此明确景观视廊的空间影响要素。景观主导面是边界区域中景观的主要观赏面,也是在视点中所观赏到的最能反映该景区景观特征的面。把握景观主导面是创造景观特色的主要手段之一。将景区具有遗产属性的景观资源作为视觉的焦点,以其为

中心发散形成多视觉主导空间,并对每个空间进行视觉景观分析,通过比较得出不同的空间界面类型,即引导型、扩展型、渐进型、残缺型。景观序列分析主要探讨步行条件下的动态多空间客观环境与人们主观感受之间的联系,提出空间变化、时间变化是景观空间序列需要重视的两个重要方面。尺度是外部环境设计的根本要素,是人对边界区域感受的基点,其本质是人与物体的和谐关系,追求人与物体之间的比较关系。通过上述分析明确各项内容的因素、特征、指标,为后文的评价与控制提供重要参考。

第五章

"城-景"边界区域视觉景观评价

    视觉景观评价既是城市管理决策的监督与支持工具,又是科学的规划研究工具与思维方式,对改善管理决策质量、促进综合决策具有重要意义[1]。按性质可划分为视觉景观质量评价和视觉景观影响评价,按所处阶段可划分为现状评价和预测评价。本书的视觉景观质量评价指观赏者对"城-景"边界区域视觉景观的外在形式进行价值判断。而视觉影响[2]评价是环境影响评价的重要组成部分,其实质是分析原本相对协调的景区环境受负面实体因素介入的影响程度,目的是防止景观的人为破坏,保证景观可持续利用。本书通过视觉景观质量评价和视觉景观影响评价建立"城-景"边界区域视觉景观评价体系,为视觉景观控制提供科学依据(图5-1)。

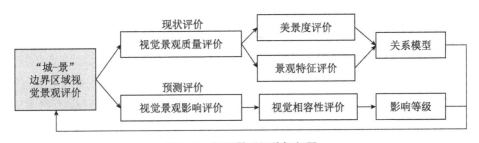

图5-1 视觉景观评价框架图

---

[1] 汤晓敏,王祥荣.景观视觉环境评价:概念、起源与发展[J].上海交通大学学报,2007(3):173-179.

[2] 视觉影响指在原本比较协调的感知环境中,介入一种负面实体,使观赏者感知到的视觉景观质量下降,包括色彩、质感、体量不协调以及视域遮挡等。

5.1 视觉景观评价方法

尽管视觉景观评价从个体角度来看偏向主观,相同景观的个体评价差异较大,但从更大的空间范围和时间范围来看,仍有大部分公认的优秀景观。因此,视觉景观评价既有个体评价难以掌控的情况,也有公众评价共性的一面。找到科学有效的方法对评价中共性的一面进行研究,是"城-景"边界区域视觉景观评价研究的重要内容之一。20世纪60年代,一系列以强调和保护景观资源和视觉资源的法律相继产生,景观评价研究发展逐渐形成众多领域与不同学派。目前较为公认的有四大学派,即专家学派、心理物理学派、认知学派、经验学派,不同学派在不同理论指导下形成各不相同的评价方法,并结合具体做法形成相对合理的评价模式。总体来看,视觉景观评价主要包括三种类型:其一是侧重于对景观的物理特征进行评价,属于客观的专家评价法;其二是侧重于对个体或群体主观感受进行评价,属于主观的公众评价法;其三是将主客观相结合的综合评价法,主要为心理物理学法。每种方法都具有优缺点与适用范围,下面进行逐一论述。

5.1.1 专家评价法

专家评价法的指导思想认为景观美学质量应以形式美学价值来衡量,其理论假设美学特质存在于景观属性中,通过分析形体、线条、色彩和材质等视觉要素,强调多样性、奇特性、统一性等形式美学原则作为景观质量分级的主导作用[1]。

该方法评价人员通常是在美学和艺术方面训练有素的专业人员(专业风景规划师、资源保护工作者等),其依据评分标准对景观进行评价。由于专家评价法可行性强,因此广泛应用于美国国家风景视觉资源管理体系制定过程中,即VRM(visual resources management)、VMS(visual management system)、LMS(landscape management system)。按照形式美学价值评价视觉景观,其重点在于对视觉景观(客体要素)进行分类与分级。对于景观分类,其一是从物质角度(自然要素、人工要素),其二是从抽象的集合形式角度(点、线、面、色彩、肌理)。对于景观品质的分级,可对物质要素进行划分并根据标准打分,根据分值按区域划分等级。

以美国林务局的风景管理系统VMS为例来阐述专家评价方法。用VMS系统评价风景质量时,其一是对风景类型进行划分。根据环境的特征和属性,以自然

---

[1] 俞孔坚.论风景美学质量评价的认知学派[J].中国园林,1988(1):16-19.

地理的分区方法划分不同的风景区类型,还可在此基础之上根据景观的多样性继续细分。景观多样性是 VMS 系统中风景质量分级的重要依据,假定任何风景都可以由美景度表达,风景多样性的高低程度决定了其美景度的评价值。根据风景特征和属性的多样性可将风景的质量划分为三个级别:A 级(优质风景);B 级(普通风景);C 级(劣质风景)。其二是景观敏感度评价。敏感度用来衡量公众对某一景观的关注程度,高敏感度的景观意味着能吸引更多的视线,景观受关注程度越高,人们的审美判断越容易被影响。观赏者视点的位置、视高、视距以及与景观界面之间的夹角都会影响观赏者对景观敏感程度的感知。系统将景观敏感度归纳成三个等级:一级为高度敏感区、二级为中等敏感区、三级为低敏感区①。其三是视觉吸引能力。VMS 评价系统可以评价视觉污染,即评价或预测某些建设项目对风景产生多大程度的冲击,通常选取"视觉吸引能力"(visual absorption capability)表述本体的抗干扰能力,主要影响因子为植被类型、土壤色彩、生境的自我恢复力等②。评价步骤:首先分析风景相关属性因子的特性,然后将拟建项目同样分解为材质、形式、色彩、体量四要素,并与拟建项目的四要素进行对比评价,划分出四个等级:一级为无对比(各相关要素之间无对比关系);二级为微弱对比(各要素之间存在对比关系,但无法吸引人们的视线);三级为一般对比(要素之间的对比较明显,吸引大部分的视线);四级为显著对比(风景以对比效果为核心特点,吸引所有人的视线)。对比度评价的结果表明建设项目对原始风景的影响程度,对比越显著,对景观的不良影响越强。综上所述,专家评价法是以美学和生态学法则为根据划分类别和级别的方法。在我国现行的与景观评价有关的法律法规及规范中,均采用该方法进行评价,评价过程如图 5-2 所示。

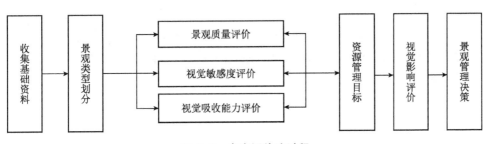

图 5-2 专家评价法过程

---

① 三个等级依据各景观点对观赏者在景观中穿行等活动的重要性划分。
② 俞孔坚.论风景美学质量评价的认知学派[J].中国园林,1988(1):16-19.

5.1.2 公众感知评价法

公众感知评价法属于心理学范畴,该方法认为公众作为景观的主要参与主体,对某一景观的审美态度扮演着不可或缺的角色,是一种以普通公众的感觉或兴趣为尺度的评价方法。与专家评价法不同,该方法对景观的认知是从整体上进行考察。不同景观给人以不同的感受,有正面感受(愉悦的、安全的、有趣的)和负面感受(乏味的、害怕的、无趣的)①。

具体操作主要通过照片来测量相关的心理变量,并以问卷调查方式呈现,由一定数量受访者参与调查,以期将公众主观意见与评价结果紧密相连。因参与评价者数量较多,普遍认为该方法可靠性强。评价标准有两种:一种偏向主观感受,评价的公众根据自身正面或负面的感受给不同景观打分,得出景观品质排序;另一种标准倾向于客体感受,如对景观的生动性、神秘性、独特性等进行评价,具体评分标准以专家预设的评价尺度为准。

5.1.3 心理物理学评价法

从景观评价产生开始,关于评价主体是受过专业教育的专家还是参与景观互动的普通公众的讨论就从未停止。两者的本质区别在于评价主体对景观要素的认知度和理解度有所差异(表5-1),并且在解释主观感受与客观景观之间的关系方面都存在不足。心理物理学的评价模式弥补了以上两种方法的不足,通过专家法结合公众评价法对主客观均进行了研究并寻求两者之间的关系。该方法认为景观是人与景的共同作用,承认人类具体普遍一致的审美观,并以此为景观品质的标准,认为景观品质的判断可以通过测量客观景观来定量预测。目前公认的心理物理学评价法有两种,即 SBE 美景度评价法(scenic beauty estimation procedure)②和 LCJ 比较评判法(law of comparative judgement)③。两者从数学层面上看并无本质区别④,但 SBE 法更占优势(表5-2)。

---

① 一般认为高品质的景观给人以正面感受,低品质的景观给人以负面感受。
② SBE 法在 1976 年由 Daniel 和 Boster 提出。
③ LCJ 法由 Buhyoff 等人发展起来,又可分为两种:将所有景观作两两比较,即成对比较法;将所有景观经比较后按美景度高低排成序列,即等级法。
④ Hull R B, Daniel T C. Measurement of scenic beauty: the law of comparative judgment and scenic beauty estimation procedures [J]. Forest Science, 1984(30): 1084-1096.

表 5-1　专家评价法与公众感知评价法的区别

评价范式	专家评价法	公众感知评价法
评价方法	对景观予以特征化,具体通过景观的构成要素以及对每一物理构成要素总体美学质量的贡献赋值来实现	通过观赏者的感知评估视觉景观质量,基于记忆、联想、想象和符号象征所唤起的感知转译
评价者	专家	公众
评价标准	相关法律法规及行业技术标准	与社会心理结构、个人阅历、价值标准相关
技术特点	以 RS/GIS 等定量化技术为中心,结合实验与观察,兼顾定性技术	定量与定性相结合,调查问卷等调查类实验方式
应用	公共土地的管理条例编制	景观感知和景观评价的理论研究
优点	涉及评价人数少,易于操作	从使用者需求出发,贴近广大人群的真实感受
缺点	局限于客观的参考标准,标准易僵化,缺乏自我更新机制	评价标准很难统一,评价结果可比性差

表 5-2　心理物理学评价法比较

方法	内容	优点	缺点
SBE 美景度评价法	以照片或者幻灯片作为评判测量的媒介,让评判者给每张照片中的景观按评分准则逐项评分	易于操作,不受样本数量限制	幻灯片测试缺少真实空间感受
LCJ 比较评判法	评价者对样本进行两两比较	信息量大,精度高	计算复杂,工作量大,适合少量样本评价

5.1.4　评价方法的确定

"城-景"边界区域视觉景观质量评价方法主要基于心理物理学评价中的 SBE 评价法,其优势在于能对大量景观进行量化评价。为减少因个体偏好形成的误差,可以通过增加评价人员、扩展人员结构增强评价整体可靠性。因其联系了主观与客观评价并建立数学关系,使得该方法更具有科学性的特点,符合视觉景观质量评价对于评价方法的要求。由于此评价方法的评价人员是公众与专家相结合,因此更能客观地反映景观的实际美学价值。

"城-景"边界区域视觉影响评价方法主要为专家评价法,通过边界区域拟建项目与景区风景进行对比评价并划分影响等级,为决策提供依据。GIS 地理信息系统拥有完备的数据支持和强大的综合分析能力,可对"城-景"边界区域拟建项目进行三维模拟和预测,为视觉景观影响评价提供了技术操作平台。

5.2 "城-景"边界区域视觉景观质量评价

"城-景"边界区域视觉景观质量评价主要是探究景观要素及特征对景观质量的影响,包括三个部分:① 运用美景度评价法(SBE)测量公众的审美态度,采用SBE法获得美景度量值。该部分内容主要是对所选取的每个景观样本进行总体质量评价,反映景观质量的高低。② 对评价样本中景观要素的成分、属性进行分解,通过相关领域专家运用语义差异法(SD)对景观要素特征进行定量评价,该部分内容能够更加清晰、客观地反映景观特征,有利于准确把握景观的视觉属性。③ 通过SPSS统计分析软件中的多元线性回归分析法对公众的美景度值与专家测定的客观要素评分值进行相关性分析,即测定心理量与物理量之间的关系,根据质量评价模型可以确定哪些景观特征对景观质量产生影响及影响程度(图5-3)。

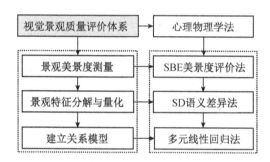

图5-3 视觉景观质量评价技术路线

5.2.1 美景度测量——SBE美景度评价法

(一)前期准备

1)获取评价样本

首先,从"自城观景"及"自景观城"的角度选取重要景观节点或建筑节点,同时也包括人流量最大、空间活跃程度最高的道路、区域。其次,通过拍照及GPS定位系统在观景点进行拍照与记录,获取大量用于评价的样本。评价样本一般选择能够全面代表评价区域的景观类型,拍摄照片的数量取决于景观的多样性程度[①],并根据景色视野和景深将景观划分为近景与远景两类。在获取样本时还应注意以下

---

① Daniel规定每个景观节点(约0.4 hm^2)用8张照片代表。

几点:① 选择在天气晴朗、光线充足的条件下进行拍摄,一般在 8:00～16:00 之间;② 在相同的技术规程规定下完成,保持相机取景时的视角和比例;③ 避开影响照片效果的遮挡物体,以免影响评价主体的审美。在筛选评价样本时,根据一种景观类型的近景和远景分别选取一张照片①(图 5-4)。

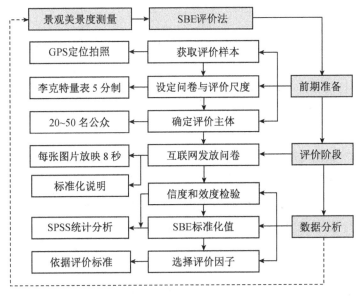

图 5-4　美景度评价技术路线

2) 确定评价主体

本书的美景度评价以公众的审美态度为依据,包括不同职业、年龄的非专业人群。根据统计学原理和规律,评价人数设定为 20～50 人。

3) 评价方式

本书评价程序以互联网为媒介,将需要评价的照片制作成幻灯片,通过互联网向评价者发放问卷②。问卷中美景度量设置借鉴李克特量表③(Likert scale)的 5 分制。根据评价主体的习惯将美景度值划分为很不美(-2)、不美(-1)、一般(0)、美(1)、很美(2)这 5 个级别(图 5-5)。

---

① 主要是出于以下考虑:评价照片数量过多会使评价者产生视觉疲劳,影响景观评价的有效性;评价出发点是希望掌握各种景观要素的变化对人们审美态度的影响,因此应选取景观要素构成差异较大的景观点。
② 以照片为媒介进行景观评价同现场实景评价无显著差异。
③ 李克特量表是一种心理反应量表,常在问卷中使用。当受测者回答此类问卷的项目时,具体指出对该项陈述的认同程度。

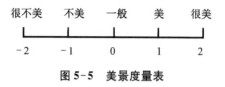

图 5-5 美景度量表

(二) 评价阶段

1) 运用 PowerPoint 软件制作评价幻灯片,设计幻灯片时需避免同类景观连续播放,以免影响评价主体的视觉敏感度。

2) 在评价前首先采用"标准化说明"对评价者做简要说明,并进行练习评价,使评价者对评价要求有一定的熟知过程。

3) 评价幻灯片的播放时间设置为 8 秒每张,要求照片不回放,评价结果不予修改。根据评价人员对应的照片编号,凭直观感受在评价表上进行打分。

(三) 数据处理

回收并检查评价问卷,统计有效的问卷。由于参与评价的公众在视觉景观审美上存在差异性,为避免影响评价结果,需对评价值进行标准化处理,即式(5-1)、式(5-2):

$$Z_{ij} = \frac{(R_{ij} - \overline{R}_j)}{S_j} \tag{5-1}$$

$$Z_i = \frac{\sum_j Z_{ij}}{N_j} \tag{5-2}$$

式中: Z_{ij} ——第 j 个评价人员对第 i 个景观的标准化得分值;

R_{ij} ——第 j 个评价人员对第 i 个景观的打分值;

$\overline{R}_j$ ——第 j 个评价人员对所有景观的打分值的平均值;

S_j ——第 j 个评价人员对所有景观的打分值的标准差;

Z_i ——第 i 个景观的标准化得分值。

运用此公式对每个景观质量分值进行标准化后,计算各景观的平均标准化值,最后得出不同景观的质量排序。

(四) 选择评价因子

国内对于视觉景观质量评价的研究往往只停留在以上部分,关系心理物理学方法真正科学性的问题是评价因子选择与定义的问题,认为景观美景度是受景观特征影响的。绝大多数研究采用多因子预测,既可以是景观类型、用地类型、一般地形和植被等宏观因子,也可以是植物密度、光线条件等微观因子。如何选择评价因子仍是难题,人们观察每个层次的景观时所获得的信息总量和信息成分存在差异。现阶段大部分研究以能反映景观要素或景观特征作为评价指标,其选择方法主要以景观样本为选择依据,选择标准由研究内容和目的决定,可以从景观研究、设计、评价、控制与管理几方面考虑。本书的研究是视觉景观控制,前文确定控制要素为天际线、景观主导面、景观视廊、空间尺度、景观序列,因此评价因子根据这几项内容的特征进行划分,如天际线的曲折度、层次感,景观视廊的通视性、开敞度等。

同时,还应遵循以下原则:

① 系统性。评价因子应全面、系统地反映各景观要素特征、状态和其之间的关系,以及动态变化和发展趋势。各评价因子间应相互补充,充分体现景观的整体性和协调性。

② 科学性。评价因子的选取应建立在对相关学科充分研究的科学基础上,其物理及生物意义必须明确,测量方法标准,统计方法规范,较客观和真实地反映景观主要目标实现的程度。

③ 层次性。景观是一个复杂的系统,对其进行美学评价的因子应具有合理而清晰的层次结构,在不同尺度、级别上反映和识别景观属性。

④ 独立性。评价因子相互独立,不能相互代替、包含和相互转换。

⑤ 真实性。评价因子反映景观的本质特征及其发生、发展规律。

⑥ 实用性。评价因子应简单明确,具有较强的可比性和可测性。

5.2.2 视觉景观特征分解与量化——SD语义差异法

视觉景观特征是景观要素形成具有独特的、可识别的、持续如一的肌理,其主要作用在于:通过景观特征的辨别、描述、分析、保护和强化,保护景观的多样性和独特性,使"此地"有别于"他地"。本节运用语义差异法(SD)对景观特征进行评价(图5-6)。

(一)前期准备

1)评价照片

采用语义差异法(SD)对景观特征进行评价过程更加细致,因此应精简照片数量,以提高评价的可操作性和数据可信度,现阶段还缺乏明确的选取标准。由于质量最好和最差样本的景观特征对比最为明显,且样本数量太少会导致一些景观特征无法得到体现,因此本书根据视觉景观质量排序的结果,挑选各个质量层次上具有典型特征的照片作为语义差异法(SD)的景观评价样本,样本数量取决于景观的

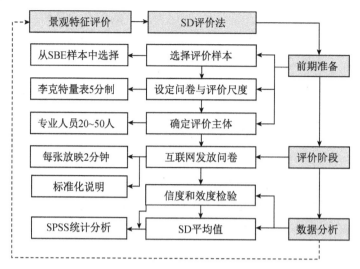

图 5-6 景观特征评价技术路线

分类和景观评价因子。

2) 评价主体

由于语义差异法(SD)的形容词中涉及众多专业词汇,非专业的公众难以有效认知和理解景观的评价内容。而相关专业教师、设计师和学生的评价能充分地代表公众的审美态度①,同样根据统计学原理,将评价人数设定为 20～50 人。

3) 形容词词组与评价尺度

根据前文确定的景观评价因子设定形容词词组(通常为反义词且为评价者熟知的词组)。语义差异法(SD)的关键问题是选择形容词词组和确定其数量。通常设定 20～40 组基本可以对评价样本进行较为全面、客观且可操作的描述和评价②。评定尺度依然采用 5 分制,分值越低,越接近左侧形容词词义。

(二) 评价阶段

景观特征评价阶段与前文 SBE 评价法基本一致,同样采用互联网评价。区别在于延长了每张幻灯片的播放时间,停留时长根据评价词组的数量决定,数量越多则时间越长,以便评价者对景观特征做出反应。通常情况下,每张幻灯片的播放时间为 1～3 分钟(近景 3 分钟,远景 1 分钟)。

---

① Buhyoff 等人对林业专业本科生、林业专业研究生、林业生产者、周围居民和其他团体人员的审美态度进行比较,结果表明,不同群体的评价者在审美态度上具有明显一致性,不同类型评价者对景观的评价结果具有一致性。

② 章俊华.规划设计学中的调查分析法:SD 法[J].中国园林,2004(10):54-58.

（三）数据处理

收回问卷取得数据后，运用 Excel 求得各项评价结果的平均值，整体评价的均值为各项评价结果均值和与样本数量的比值。

5.2.3　建立关系模型——多元线性回归分析法

（一）多元线性回归模型

本书通过多元线性回归分析法分析视觉景观美景度与景观特征之间的关系。多元线性回归是分析一个随机变量与多个变量之间线性关系的最常用统计方法，用变量的观察数据拟合所关注的变量和影响它变化的变量之间的线性关系，检验影响变量的显著程度和比较它们的作用大小，进而用两个或多个变量的变化解释和预测另一个变量的变化[1]，即：

$$y = b_0 + b_1 x_1 + b_2 x_2 + \cdots + b_n x_n \tag{5-3}$$

式中：y——根据所有自变量 x 计算出的估计值；

b_0——常数项[2]；

$b_1, b_2, \cdots, b_n$——y 对应于 $x_1, x_2, \cdots, x_n$ 的偏回归系数。

视觉景观回归方程中偏回归系数表示假设所有景观特征因子对美景度影响不变的情况下，其中某因子变化影响美景度的程度[3]。

（二）方法使用原则

由于视觉景观质量评价包含了大量的统计结果，以每个样本的美景度评价值为因变量，以对应的景观特征评价值为自变量，通过 SPSS 统计软件进行多元线性回归分析并构建模型。综合遵循以下原则：①筛选 SIG 相关性值不显著的景观特征；②考虑因子之间的多重共线性[4]；③可理解度高的景观特征因子优先保留；④尽量减少建模因子的数量。

（三）自变量筛选方法

SPSS 统计学软件中有 5 项选择自变量的规则：

---

[1]　郭志刚. 社会统计分析方法：SPSS 软件应用[M]. 北京：中国人民大学出版社，1999.

[2]　b_0 的 Sig 值 $0.01 < P < 0.05$，则为差异显著，如果 $P < 0.01$，则差异极显著。

[3]　在多元回归分析中，随机因变量对各个自变量的回归系数表示各自变量对随机变量的影响程度。

[4]　多重共线性（multicollinearity）是指线性回归模型中的解释变量之间由于存在精确相关关系或高度相关关系而使模型估计失真或难以估计准确。一般来说，经济数据的限制使得模型设计不当，导致设计矩阵中解释变量间存在普遍的相关关系。

① 全部进入法:所有评价因子变量都进入回归方程;

② 删除法:定义的全部自变量均删除;

③ 向前引入法:根据自变量的贡献率的高低,引入最高项至方程中,每次引入一项直至所有符合要求的因子均进入模型;

④ 向后移除法:全部因子一次引入方程,根据相关性指标排除不显著因子,再次重复之前步骤直至形成符合要求的模型。

⑤ 逐步进入-移除法:是向前引入法和向后移除法的综合,先将因子按贡献率高低排序,逐个进入方程中,每进入一个因子进行一次方程检验,保留相关性显著的因子直至所有变量均筛选完毕,最终形成模型。

以上变量检验均执行 SPSS 软件默认的偏 F 检验标准①。

鉴于本书的研究目的在于从评价因子中筛选出建立评价体系要素,因此应用向后移除法移除满足标准的因子。可能出现三种情况:①把全部自变量都加入回归方程;②移除不显著的;③不断进行。若对结果表示怀疑,则可用逐步引入-移除法进行检验。

5.2.4 案例验证

(一)视觉景观美景度评价

1)前期准备

调研选择在夏季某天 8:00～18:00 无气候影响的时段(晴、光线充足、无雨)对杭州西湖风景名胜边界区域进行观景点选取及采样(图 5-7)。自景观城时主要以步行、手摇船方式在景区的西湖湖面、苏堤、白堤、湖心亭及三潭印月进行拍照取样;自城观景时主要以步行方式对与城市紧密联系的西湖北岸、南岸进行取样。运用 GPS 定位系统确定每组照片的准确位置,最后共得到有效城市景观影像 1 317 张。依据西湖风景名胜区的尺度和景观的可视性,评价照片的同时选取近景和远景两个层面。根据上文的样本获取办法,一张样本表达一种景观类型。由于西湖景

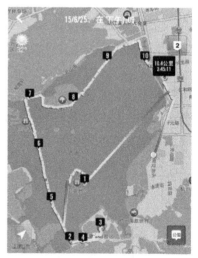

图 5-7 取样路线

图片来源:手机百度地图定位

---

① 筛选进入项时偏 F 值为 3.84,筛选删除项时偏 F 值为 2.71。

区重要景观点多围绕湖水分布,不同观景点的取样结果出现多个相似照片,从中精选出最具典型特征的照片67张,将照片导入PowerPoint并设定每张幻灯片的播放时长为8秒。

2) 评价阶段

问卷设定时首先对评价规则进行标准化说明,根据前文提到的李克特量表5分制设定评价尺度。以60位不同行业公众的审美态度为依据,研究采用幻灯片结合问卷通过互联网进行评价,根据幻灯片的序号将数值填写到问卷对应的表格中。

3) 数据处理

本次评价共收回60份有效问卷,将问卷进行标准化处理并根据美景值由高到低进行排序(表5-3)。由统计数据可知,8号幻灯片的美景度值最高,标准化值为1.213,22号幻灯片的美景度值最低,标准化值为-36.001,样本8,41,61,9,66为分值最高样本,而样本22,57,13,6,56的美景度评价排名最低。样本中有31张标准化值为正值,36张标准化值为负值。

表5-3 西湖风景名胜区边界美景度标准化评价结果

排序	景观	幻灯片序号	美景度值	排序	景观	幻灯片序号	美景度值
1	雷峰塔观湖	8	1.213	16	南岸观湖近景	46	0.362
2	风雨亭观湖	41	0.9	17	邮电路观湖	59	0.315
3	东岸水上平台观湖	61	0.751	18	断桥景观	4	0.264
4	北岸桥观湖	9	0.692	19	苏堤观湖	20	0.259
5	君悦酒店屋顶观湖	66	0.689	20	白堤景观	2	0.247
6	东岸观湖	36	0.677	21	东岸观湖景观	27	0.223
7	小瀛洲观东岸	15	0.639	22	南岸观湖近景	47	0.2
8	苏堤观雷峰塔	19	0.568	23	南岸景观	49	0.179
9	南岸中国美院	67	0.540	24	北岸观湖景观	24	0.177
10	君悦酒店客房观湖	65	0.516	25	南岸景观	45	0.156
11	北岸观湖	23	0.463	26	苏堤观湖中岛	17	0.135
12	南岸植物景观	60	0.444	27	白堤景观	3	0.119
13	湖中岛观东岸	10	0.435	28	南岸观湖近景	43	0.1
14	西湖边界风雨亭	42	0.434	29	苏堤观湖中岛	18	0.081
15	东岸观湖景观	35	0.401	30	东岸景观	34	0.076

(续表)

排序	景观	幻灯片序号	美景度值	排序	景观	幻灯片序号	美景度值
31	白堤观湖	5	0.002	50	东岸景观	28	−0.374
32	南岸景观	55	−0.026	51	东岸边界景观	29	−0.414
33	东岸景观	32	−0.03	52	东岸观湖景观	38	−0.465
34	断桥观湖	7	−0.041	53	游船观东岸	12	−0.481
35	东岸观湖近景	30	−0.046	54	邮电路视廊	58	−0.553
36	南岸景观	51	−0.052	55	南岸景观	52	−0.583
37	北岸边观	39	−0.053	56	东岸景观	26	−0.626
38	南岸景观	44	−0.054	57	东岸码头景观	25	−0.692
39	白堤景观	1	−0.076	58	游船观东岸	11	−0.696
40	南岸景观	54	−0.087	59	南岸景观	64	−0.736
41	西湖博物馆	63	−0.141	60	东岸景观	33	−0.736
42	东岸观湖近景	31	−0.143	61	南岸景观	53	−0.817
43	南岸观西湖	48	−0.164	62	苏堤观湖	16	−34.82
44	苏堤观东岸	21	−0.167	63	南岸边界景观	56	−35.263
45	东岸边界景观	37	−0.17	64	白堤城市景观	6	−35.38
46	游船观东岸	62	−0.219	65	游船观东岸	13	−35.492
47	北岸景观	40	−0.29	66	平海路视廊	57	−35.79
48	游船观东岸	14	−0.294	67	北岸景观	22	−36.001
49	南岸观城市	50	−0.334				

4) 选择评价因子

根据视觉景观控制内容、城市与风景区评价标准结合样本特征,本书确定13个评价因子:天际线曲折度、天际线层次感、天际线韵律感、主导要素存在性、视觉界面绿视率、重要景源可见性、水体可视比例、建筑尺度协调性、空间开敞度、要素丰富度、建筑形式协调性、植被多样性、亲水性。

(二) 视觉景观特征评价

1) 前期准备

准备景观特征评价的样本。从67张美景度评价的幻灯片中遴选出22张具有代表性的照片并进行编号,每张照片设定放映时间为2分钟。将照片中的景观进行分解,并采用语义差异法中的形容词对问卷进行设定,评价尺度为 5 分制。评价人员为建筑、风景园林、城市规划等相关专业的学生和从业人员,其中高校科研机构教师及研究人员 12 人,设计院职业设计师 15 人,社会团体 3 人,政府部门 2 人,共计 32 人。

2）评价阶段

通过互联网向上述评价人员发放幻灯片与问卷。

3）数据处理

本次共收回 32 份有效问卷,使用 Excel 进行数据统计,通过计算得出所有景观要素特征的评价均值（表5-4）。

表5-4　西湖风景名胜区边界区域视觉景观 SD 值

序号	幻灯片编号	天际线曲折度	要素丰富度	水体可视比例	天际线层次感	天际线韵律感	主导要素存在性	亲水性
1	8	2.625	3.562	4.25	3.843	3.562	3.937	4.093
2	10	2.75	2.718	3.781	3.156	2.875	3.218	3.125
3	11	2.5	2.375	2.531	2.843	2.468	2.531	2.281
4	12	4.062	3.781	3.437	3.687	3.437	3.437	3.187
5	13	3.218	2.843	2.75	2.843	2.593	2.656	2.437
6	19	4	4.363	4.606	4.454	4.515	4.636	4.575
7	20	3.187	3.343	3.906	3.468	3.312	3.75	3.781
8	22	2.562	2.812	2.625	2.812	2.5	3.437	2.656
9	24	3.312	3.593	4.031	4.062	3.718	3.875	3.843
10	26	3.312	3.687	3.125	3.312	3.156	3.468	3.593
11	32	3.718	3.968	3.593	3.75	3.5	3.781	3.75
12	36	3.375	3.968	4.093	4.125	3.906	4.375	4.25
13	42	3.156	3.593	3.562	3.75	3.25	3.843	3.781
14	52	2.625	2.968	3	3.312	3.125	3.156	3
15	57	3.75	3.437	2.406	3.156	2.937	2.906	2.656
16	58	3.218	3	2.625	3	2.937	2.812	2.718
17	59	2.937	3.406	4.093	3.937	3.593	4	4.093
18	60	3.156	3.906	3.437	3.656	3.468	4.562	4.093
19	61	3.781	4.312	4.312	4.375	4.156	3.937	4.25
20	64	3.312	3.281	2.906	3.312	2.843	3.062	2.843
21	65	3.718	3.687	4.093	4	4.031	3.812	3.937
22	67	2.875	3.781	3.25	3.781	3.718	3.468	3.875

(续表)

序号	幻灯片编号	建筑形式协调性	空间开敞度	重要景源可见性	建筑尺度协调性	植被多样性	视觉界面绿视率
1	8	2.468	3.75	3.812	3.812	3.156	4.625
2	10	2.75	4.125	2.906	3.375	2.843	3.468
3	11	2.687	2.906	2.25	2.656	2.281	2.593
4	12	2.843	3.312	3.156	3.125	3.187	3.375
5	13	2.937	3.468	2.687	2.75	2.187	2.437
6	19	2.696	3.909	4.484	4.212	3.696	4.454
7	20	2.531	4	3.531	3.781	3.218	3.75
8	22	2.781	2.156	2.437	2.781	2.031	3.531
9	24	2.968	3.968	3.75	3.781	3.468	3.718
10	26	2.781	2.968	3.156	3.062	2.437	3.187
11	32	3.125	3.25	3.625	3.375	3.281	3.625
12	36	2.125	4.187	4.062	3.968	3.718	4.406
13	42	2.468	2.843	3.531	3.562	3.468	3.687
14	52	2.781	2.468	2.875	2.937	3.562	3.5
15	57	3.062	3.031	2.406	2.468	2.218	2.437
16	58	3	3.156	2.718	2.562	2.406	2.937
17	59	2.593	4.375	3.875	4.062	3.437	4.156
18	60	2.312	2.531	3.562	3.562	4.5	4.718
19	61	2.843	4.218	4.031	3.937	2.906	3.375
20	64	2.687	3.25	2.625	3	3.187	3.312
21	65	3.187	4.187	3.781	3.625	3.156	3.625
22	67	3.687	2.937	3.718	3.812	3.406	3.468

自景观城评价照片的编号顺序为：① 雷峰塔观西湖全景；② 湖中岛观东岸湖景；③ 游船观东岸 a；④ 游船观东岸 b；⑤ 游船观东岸城市天际线；⑥ 苏堤观雷峰塔；⑦ 苏堤观湖中岛。自城观景评价照片的编号顺序为：⑧ 北岸边界景观；⑨ 北岸观西湖景观；⑩ 东岸边界景观 a；⑪ 东岸边界景观 b；⑫ 东岸观西湖景观；⑬ 风雨亭景观；⑭ 南岸边界景观；⑮ 平海路景观视廊；⑯ 邮电路景观视廊；⑰ 邮电路观西湖；⑱ 南岸边界景观；⑲ 东岸水上平台景观；⑳ 南岸边界景观；㉑ 东岸君悦酒店观西湖；㉒ 南岸中国美术学院。

（三）美景度与景观特征关系分析

选择景观特征评价的 22 张幻灯片对应的景观美景度值为因变量，以景观特征评价的均值为自变量，运用 SPSS 9.0 进行信度检验并构建视觉景观多元线性回归模型。信度检验：一致性（Cronbach's Alpha）值为95%，基于标准化项的一致性Cronbach's Alpha值为94.9%，结论数值均超过90%，表示评价表内在一致性好，评价信度可靠（表5-5）。

表5-5 可靠性统计量

Cronbach's Alpha 一致性	基于标准化项的 Cronbach's Alpha	项数
0.950	0.949	14

在多元线性回归分析中首先选用全部变量进行分析，明确相关性大小，之后采用向后回归分析法，并对自变量进行共线性诊断。若自变量未存在共线性关系，则能够建立有效的质量评价模型。在西湖风景名胜区边界区域视觉景观的多元回归分析中，保留相关性显著的输入变量：天际线曲折度 X_1、天际线层次感 X_2、天际线韵律感 X_3、主导要素存在性 X_4、视觉界面绿视率 X_5、重要景源可见性 X_6、水体可视比例 X_7、建筑尺度协调性 X_8、空间开敞度 X_9、要素丰富度 X_{10}、建筑形式协调性 X_{11}、植被多样性 X_{12}、亲水性 X_{13}。

采用向后回归分析法运算得到最终方程。通过观察调整后的判定系数为0.999，拟合度较高。由于回归方程显著性检验的概率为0.001，小于显著性水平0.05，则认为系数不同时为0，被解释变量与解释变量全体的线性关系是显著的，可建立线性方程（表5-6、表5-7）。

表5-6 模型汇总

R	R^2	调整 R^2	标准估计误差	更改统计量				
				R^2 更改	F 更改	df1	df2	Sig. F 更改
1.000ª	1.000	0.999	0.001 627 79	1.000	1 475.341	19	1	0.001

表5-7 系数

模型	非标准化系数		标准系数试用版	t	Sig. 值
	B	标准误差			
（常量）	3.141	0.302		10.398	0.009
天际线曲折度 X_1	2.217	0.062	2.024	35.649	0.001
要素丰富度 X_{10}	4.643	0.132	4.046	35.265	0.001
水体可视比例 X_7	3.187	0.096	3.521	33.209	0.001
天际线层次感 X_2	1.698	0.101	1.395	16.852	0.004

(续表)

模型	非标准化系数		标准系数试用版	t	Sig. 值
	B	标准误差			
天际线韵律感 X_3	0.685	0.073	0.535	9.408	0.011
主导要素存在性 X_4	8.250	0.238	8.045	34.614	0.001
亲水性 X_{13}	1.736	0.103	1.972	16.799	0.004
建筑形式协调性 X_{11}	1.588	0.057	0.878	28.032	0.001
空间开敞度 X_9	2.629	0.057	2.866	46.233	0.000
重要景源可见性 X_6	7.249	0.139	7.611	52.015	0.000
建筑尺度协调性 X_8	1.197	0.171	1.068	6.993	0.020
植被多样性 X_{12}	1.483	0.064	1.529	23.303	0.002
视觉界面绿视率 X_5	4.334	0.109	4.654	39.880	0.001

根据模型建立的多元线性回归方程为：

$$Y=3.141+2.217X_1+4.643X_2+0.685X_3+8.25X_4+4.334X_5+7.249X_6+3.187X_7+1.197X_8+2.629X_9+4.643X_{10}+1.588X_{11}+1.483X_{12}+1.736X_{13}$$

（四）结果分析

由多元回归分析得出13项因子的多元回归模型。回归方程中非标准化系数B表示各项因子在模型中的权重，即各项因子对风景区边界区域视觉景观质量评价的影响程度。模型因子相关性分析的Sig.值均小于0.01，相关性显著。主导要素存在性和重要景源可见性的偏回归系数值为8.250和7.249，表明在视觉景观评价中是否有主导景区的视觉要素和景区的标志性景色是否可见对评价结果的影响最大。主导性、标志性和可见性是人们进行景观评价的基础，也是景区属性特征的外在表达，观赏者只有通过这些特征才能辨认出景区的独有特点。天际线曲折度、天际线层次感和天际线韵律感的偏回归系数分别为2.217、1.698和0.685，表明西湖边界区域天际线越趋于曲折、韵律感越强、层次感越丰富，景观美景度值越高。曲折度、韵律感和层次感指数是定量描述天际形态的重要指标，西湖边界区域视觉景观由近景、中景、远景和背景等多个层次构成。要素丰富度的偏回归系数为4.643，表示边界视觉景观要素变化越多，美景度值越高。西湖风景名胜区边界区域包括商业、酒店、住宅、公建、广场、公园和交通等构成要素，自然要素与人工要素融合的视觉形态给观赏者带来丰富的视觉感受，增加了西湖景区的视觉美感。水体可视比例和亲水性的偏回归系数为3.187和

1.736，可见水体景观在景区评价中的重要性，这也与主导要素存在性指数相吻合。西湖属于湖泊型风景名胜区，以水体为主要景观要素，景区边界区域设置堤岸和多个重要景观节点，以水面为背景衬托的景观节点是观赏者景观质量评价高低的决定性因素。建筑形式、尺度协调性的偏回归指数为1.588和1.197，表明边界区域建筑的形式越具有地域性，其与景观越协调，建筑与边界环境的尺度关系越和谐，美景度值越高。边界区域的建筑尺度与人的视觉感受有着直接关系，不同尺度给人以不同的心理感受，控制尺度和比例的关系是边界区域视觉景观控制的重点之一。空间开敞度指数为2.629，视觉景观的可见性属性受开敞度影响，空间开敞有利于视觉可达性并以此为基础建立景观视廊。开敞空间相对于封闭和半封闭空间而存在，景区边界的开敞空间可以为人们提供良好的观景区域，也是人流集散的重要场所。由指数可知，开敞度越高的边界区域其景观美景度值越高。植被多样性和视觉界面绿视率[①]偏回归系数分别为1.483和4.334，可见在景区边界空间内绿色是吸引人群的重要景观要素，观赏者认为视野中可见的植物数量、类别越多，景观美景度越高。

5.3 "城-景"边界区域视觉景观影响评价

视觉景观影响评价是预测和判断"城-景"边界区域新建项目或重建项目对风景区景观资源影响程度，并提出优化和改善的策略，从而达到"城""景"和谐发展。

5.3.1 评价内容

景观影响，包括项目开发建设给景观带来构造、特征和质量方面的改变；对特殊景观元素的直接影响；对提升景观特征和区域及当地差异性元素的所有模式的间接改变；对于著名的、有特殊兴趣和价值景观的影响。视觉影响与景观视域的改变相关，也与这些改变对人们的影响相关，包括通过入侵或屏障等途径对景观视域造成直接影响的开发；加强或减弱对视觉设施的总体影响；观察者受影响的反应。

视觉景观影响评价是人类对视觉景观影响的主观认识与判断。建设项目的视觉景观影响评价的主要目的：① 评价影响（性质、程度）的显著性，以决定行止；

[①] 绿视率指人们眼睛所看到的物体中绿色植物所占的比例，它强调立体的视觉效果，代表城市绿化的更高水准。绿色在人眼的视野中达到25%时，感觉最为舒适。

② 评价视觉景观保护目标的重要性，以决定保护的优先性；③ 评估景观价值的得失，以决定得失与取舍。评价目标包括：① 系统识别所有与开发项目相关的潜在景观和视觉影响；② 预测和评价它们的重大性；③ 以合理和完善的方式评价它们的重要性。评价主要内容包括：① 对某些景观要素所产生的直接影响；② 对那些构成景观特色的景物所产生的微妙影响；③ 对具有重要遗产价值地点的影响。

5.3.2　评价步骤与方法

视觉景观影响评价的步骤与环境影响评价（Environment Impact Assessment，EIA）的一般步骤基本相对应，其主体部分一般由现状调查、影响评价的类型识别及等级的划分、影响预测、影响评价和缓解措施的提出等构成。不同国家和地区的具体程序和步骤有所不同。本书参照美国、英国等的视觉景观影响评价的程序，提出"城-景"边界区域视觉景观影响评价的6个步骤（图5-8）。

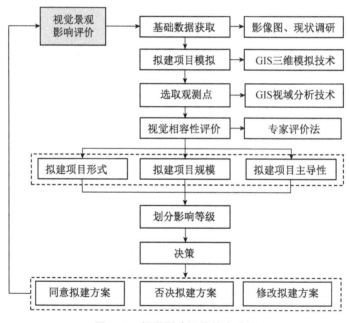

图 5-8　视觉影响评价技术路线

1）收集评价区域及周围地区的背景资料；通过地图、卫星影像等获取整个研究区域的地理数据，包括地形、植被、基础设施、土地利用等各种自然和人文因素。

2) 通过 GIS 三维分析技术对拟建项目进行模拟。

3) 明确视觉评价的关键视点;通过 GIS 三维模拟技术对拟建项目进行视域分析,在其视域范围内选择景区观景点作为评价的地点,一般选择视域范围内重要景观节点以及景观路线。

4) 对拟建项目进行视觉影响评价。

5) 划分影响等级。

6) 根据等级提出决策,即同意拟建方案、否决拟建方案、修改拟建方案。

5.3.3 视觉相容性评价

(一) 相容性评价

研究借鉴国内外有关建设项目视觉景观影响评价的方法与实践经验,提出了以"视觉景观相容性"来度量拟建项目对视觉景观影响的程度与性质。拟建项目的视觉景观相容性评价可以分别通过对比评分值、影响严重度来衡量和评估。首先将构成视觉景观的地形、水体、植被、建筑等要素用形态、线条、色彩和质感表示,分析视觉景观的现状特点;接着,将拟建项目分解为形体、线条、色彩和质地四个基本元素,再对这两组基本元素进行对比度评价。除了上述四要素外,还包括拟建项目规模和体量对比、空间主导性等要素。根据评价计算出视觉景观的相容性得分值,若得分值超出评价标准范围(表 5-8),则证明该拟建项目相容性差,应进行修改或重新设计,并重复进行对比评估。该方法提供了一个明确评价标准的框架,提高了评价的准确度,具有一定的普适性。采用专家评价法进行评价中数据采集,同时评价人员也通过现场调查获取数据。

表 5-8 视觉相容性评价标准[①]

视觉要素	指标及内容	相容性等级	赋值
拟建项目与风景区形式美要素的对比程度	拟建项目与景区风景在色彩(色相、色度)上的对比程度	强烈	3
		一般	2
		较小	1
		没有	0

---

① 王晓俊.风景资源管理和视觉影响评估方法初探[J].南京林业大学学报(自然科学版),1992(3):70-76.

（续表）

视觉要素	指标及内容		相容性等级	赋值
拟建项目与风景区形式美要素的对比程度	拟建项目与景区风景在形体上的对比程度		强烈	3
			一般	2
			较小	1
			没有	0
	拟建项目与景区轮廓线的对比程度		强烈	3
			一般	2
			较小	1
			没有	0
	拟建项目与景区风景的质感、质感类型等的对比		强烈	3
			一般	2
			较小	1
			没有	0
拟建工程的建设规模	大规模建设内容侵入风景区地域中		强烈	12
	有一部分主要建设内容被限定在景区地域中		一般	8
	有一定规模的建设内容		较小	4
	较小范围的建设内容		可忽略	0
拟建项目在景区视域内的主导性	在整个风景区中拟建项目呈现显著性的程度，如在景区视域范围内是否重要，是否控制了地形、水体、天际线		占主导	12
			共同占主导	8
			从属	4
			不突出	0

注：27~36，不相容，影响极严重；18~26，相容性一般，影响强烈；9~17，相容性高，有一定影响；0~8，极高相容性，影响较小，可忽略。

（二）相容性等级划分

一般认为，相容性越低，对原有环境的冲击也就越大，对视觉景观的破坏也就越严重。据此，管理人员应做出采用或修改原工程的设计方案的决策，见表5-9。

表5-9　相容性评价等级与含义

等级	含义
1级——较高相容性	各对应要素之间的对比性不存在，拟建项目可提高现有环境价值
2级——高相容性	各对应要素之间的对比性能够觉察，但不引人注意

(续表)

等级	含义
3级——中等相容性	对比性引人注意,并将成为环境的重要特征之一
4级——不相容	对比成为风景的主导特征,并使人无法避开对拟建项目的注意

(三)评价结果的决策

通常一个拟建项目有多个方案,根据上述的视觉影响评价,可以对每个方案做出评价结论。要对一个方案做出"视觉影响是否重大""是否可接受"的结论,并对方案做出决策。本书参照我国在1994年颁布的《山岳型风景资源开发环境影响评价指标体系》中景观相容性指标的评价分级及标准,建立被选方案的决策框架(表5-10)。

表5-10 拟建项目方案决策框架

视觉景观保护等级	视觉景观相容性等级			
	4级——不相容	3级——一般相容	2级——高相容	1级——极高相容
特别保护区	不可考虑	不可考虑	可考虑	可考虑
重点保护区	不可考虑	可考虑	可考虑	可考虑
一般保护区	不可考虑	可考虑	可考虑	可考虑
保护控制区	可考虑	可考虑	可考虑	可考虑

在本章"城-景"边界区域,视觉景观评价运用心理物理学相关理论和方法,结合"城-景"边界的特征和总体规划的作用机制特征,提出"城-景"边界视觉景观评价的主要步骤、内容和方法。视觉景观质量评价运用"SBE-SD"综合评价法,结合SPSS统计软件的多元线性回归分析法构建视觉景观美景度与景观特征因子的关系模型,并以杭州西湖风景区边界区域为案例进行方法验证。视觉影响评价主要通过视觉相容性进行衡量,运用GIS三维模拟技术结合专家评价法对"城-景"边界区域拟建项目进行视觉相容性评价,根据评价标准划分等级,从而完成"城-景"边界区域的视觉影响评价。

第六章
"城-景"边界区域视觉景观形态宏观控制

通过上文的视觉景观分析与评价,基于对"城-景"边界区域的全面认知,本章研究提出相应控制方法。运用GIS三维分析技术从宏观尺度对边界视觉景观形态进行模拟控制,包括其天际线控制、景观视廊控制与建筑高度控制。天际线控制旨在保证观赏者在重要观景点观赏到完整的天际线,体现出节奏韵律,提升边界区域视觉景观的整体品质。景观视廊控制目的是保证观景点与观象对象之间的视线通达,实现城市共享风景资源的研究目标。建筑高度控制目的主要包含以下三方面:其一,避免建筑高度失控对风景区内景观完整性构成潜在威胁;其二,避免由于建设失衡造成的空间资源浪费;其三,避免统一的限高标准对边界区域城市天际线特色的影响。

6.1 天际线控制方法与步骤

6.1.1 基于GIS的三维虚拟环境

研究天际线的传统方法主要是绘制二维天际线立面,与真实视野中的天际线形态存在差异,因此本书通过GIS三维分析技术,采用TIN构建研究区域地表模型,通过多面体(multihatch)要素①建立既有、在建及规划中的建筑群体模型,两者形成了统一的三维虚拟环境。在此基础上,根据前文提出的曲折度、层次感两个指标对天际线形态进行定量控制。

---

① 多面体要素是一种可存储面集合的GIS对象,能够在数据库中将3D对象的边界表示为单个行。面可存储表示要素组成部分的纹理、颜色、透明度和几何信息。

6.1.2　确定观景点与虚拟视野面计算

根据前文天际线动态分析,结合米歇尔·特瑞普的城市设计理论,可以明确观赏者处于不同的观景位置,视线受到环境的影响和限制(如观景点周边建筑物、山体等自然和人工要素的遮挡等),其所观赏到的天际线存在差异性。观景点位置是影响天际线景观形态的重要因素。经实地调研可知,观赏天际线的观景点一般选择在如下场所:

① 制高点:具有鸟瞰天际线的人文景点、登高望远条件的山体、顶层向公众开放的高层建筑等;

② 可以观景的公共场所:有一定规模的多样化城市广场、公园等城市开敞空间;

③ 人流聚集场所:民俗活动场所、大型公建的人流集散广场等;

④ 视觉廊道:街道、地面或高架的有轨交通通道、江河水道等实体廊道;

⑤ 滨水区域:城市滨水开放空间(各种类型的滨水道路、公园等);

⑥ 特色街道或景观路:游览步道、旅游步行街。

本书受到钮心毅等①提出的视觉影响模型启发,取人眼视野范围的水平视角为120°,向上视角30°,向下视角40°,该模型将常人的视野抽象成一个垂直于地面的虚拟视觉界面。界面的宽度和高度由观景点与视觉界面距离决定。由于建筑物、山体等遮挡,视觉界面被划分为可视区域与不可视区域。不可视区域对观赏者的视觉感知产生直接影响,天际线是可视区域和不可视区域的分界线。确定观赏点后,应用此模型能较快计算出观赏者视野中实际天际线的位置和形状。

视野面的宽度 W、垂直方向高度 H 的计算公式为:

$$W = \frac{2}{3}\pi D \tag{6-1}$$

当 $L \leqslant \tan 40° \cdot D$ 时,$H = \tan 30° \cdot D + L$

当 $L > \tan 40° \cdot D$ 时,$H = (\tan 30° + \tan 40°) \cdot D$

在上述公式中,L 是观赏点与视觉界面所在位置地表的高程差,D 为观赏者视觉距离。在有特定观赏对象的前提下,只需将视觉界面设置在观赏对象后方。由于建筑物等对视线的遮挡,观赏者视线实际阻挡点在虚拟视觉界面上的投影形成

---

① 钮心毅,徐方.基于视觉影响的建成环境空间开敞度定量评价方法[J].城市规划学刊,2011(1):91-97.

了天际线。建筑对视线的遮挡形成了视觉界面上的建筑可视面与视线实际阻挡点，此点由可视性分析工具计算得到。根据观测者、视线实际遮挡点、虚拟视觉界面之间的几何关系，计算出虚拟视觉界面上的天际线数据，亦能计算得到虚拟视觉界面上的建筑可视面(图6-1)。

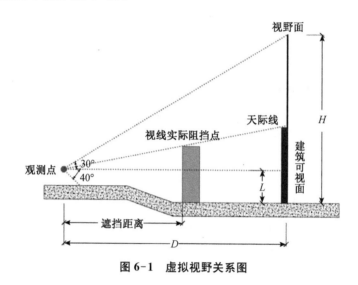

图6-1　虚拟视野关系图

6.1.3　天际线轮廓提取

GIS三维分析技术提供了天际线工具(图6-2)，可以计算出自观景点出发，构成天际线的建筑上的视线实际遮挡点，这一遮挡点并不位于视觉界面上。根据观景点、视线实际遮挡点和虚拟视觉界面的几何关系，运用观景点到每一个视线实际遮挡点的水平角和垂直角数值计算，得出视觉界面上的虚拟阻挡点，虚拟遮挡点相互连接形成视觉界面上的天际线(图6-3)。

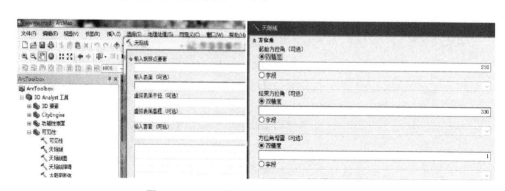

图6-2　GIS三维分析技术中的天际线工具

图 6-3　观景点与视线遮挡点形成的天际线

6.1.4　曲折度及层次感指标计算

虚拟视觉界面是一个垂直于地表的垂直面。依据视觉界面高度 H、宽度 W 与天际线的位置,将其转换到一个水平面上,以便于计算曲折度、层次感指标。采用指数多项式(PAEK)平滑工具对天际线进行平滑简化,依据简化曲线计算标志性建筑及其显著程度。通过 GIS 空间分析对边界区域每一个景观层次(近景、中景、远景)空间范围内可视建筑物个数和可视面积在观赏者视野中占据的比例进行定量控制。如近景、中景、远景 3 个层次可视面面积分别是 A_1、A_2、A_3,层次感指标表达为 $A_1:A_2:A_3$(图 6-4)。

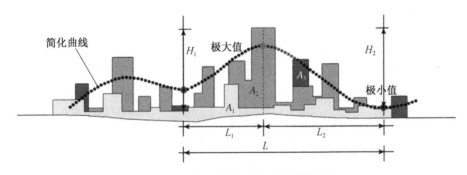

图 6-4　曲折度与视觉层次控制指标

6.1.5　曲折度控制

在简化后的天际线曲线上,极大值点(曲线的局部制高点)和极小值点(曲线的局部低点)是轮廓线曲折度变化的关键控制点。简化后轮廓线上的极大值点由较高的建筑形成,一般是该区域的标志性建筑;极小值点可以避免天际线过于平直单调,须对该处的建筑高度进行必要控制。天际线曲折程度是否符合设计意图,可由简化后曲线上的极大值点、极小值点及其两者之间的相对关系进行定量化控制。将简化曲线上的极大值点与极小值点的显著性作为控制曲折度的定量指标,将天际线轮廓上的局部制高点的标志性建筑作为主要控制对象。梳理定量控制天际线曲折度的规则:

规则一,天际线上的标志性建筑必须为简化曲线上的极大值。规则一是判定天际线上的确保天际线曲折总体走向的关键点。如不能在简化曲线上形成极大值,便不是此轮廓上的标志性建筑。

规则二,以概括简化的天际线轮廓为计算标准。根据简化曲线上的极大值点,确定其左右相邻的极小值点。计算极大值点分别与两侧极小值点之间的水平距离 L_1、L_2,将这两个距离值之和作为该制高点的影响区间。区间值越大,说明在视觉影响上,该标志性建筑越显著;反之,区间值越小,该标志性建筑越不显著。此外,分别计算左右极小值点与该极大值点的天际线上高度的差值 H_1、H_2。H 值越大,说明在视觉影响上该标志性建筑越显著,天际线起伏越明显;反之,该建筑越不显著,天际线趋向平缓。H/L 值更加直接反映了标志性建筑的显著程度。规则二是计算标志性建筑在天际线上显著程度的指标。

6.1.6 层次控制

根据前文分析评价可知,视野中不同层次的可视面较多,层次感较丰富;反之,则较单调平直。根据不同层次建筑可视面的比例,通过控制建筑布局与高度,形成了层次丰富的天际线景观形态。

面对层次丰富的城市形态,观赏者不仅可以欣赏建筑群整体高低错落的轮廓关系,亦可欣赏建筑群之间的相互错动以及与群体组合的关系,这种群体之间的错动和组合增加了建筑群整体立面的层次性和观赏性。因此,可以通过以下公式进行量化控制:视觉层次指数=错动及组合建筑立面可视面积总和/整体建筑群立面可视面积总和×100%[1]。(错动及组合建筑立面可视面积=A_2 面积+A_3 面积,整体建筑群立面可视面积总和= A_1 面积+A_2 面积+A_3 面积)

这里提出的曲折度、层次感仅是用于定量控制天际线形态的指标,目的是协助规划师、建筑师更好地认知"城-景"边界天际线形态。这两个指标只是用于更好地

---

[1] 杨俊宴,潘奕巍,史北祥. 基于眺望评价模型的城市整体景观形象研究:以香港为例[J]. 城市规划学刊,2013(5):106-112.

比较不同设计方案形成的天际线形态之间的差异性,故不能直接应用曲折度、层次感指标数值大小来评价"城-景"边界区域天际线的优劣程度。

6.2 景观视廊控制

为实现景观资源与城市的共享,视线通廊是一种有效的规划控制手段。本书对视线通廊的研究可分为以下三个步骤。

6.2.1 取景

取景,包括对既有景观资源的选取和对重要景点的营造。对既有景观资源而言,其区位、形态、规模等诸多要素不可控,因此,只需要依据现有景点的规模及其对城市的影响意义进行评估,选取有必要营造视线通廊的景点并掌握其形态、地势与尺度等信息,为其营造提供依据。在"城-景"边界区域,偶尔也会出现"有观无景"的现象,即在有良好的观景点和廊道条件下,缺乏观景对象。在此种情况下,应该选取合适位置营建代表地域文化内涵的景观节点,营造完整的视线通廊。

6.2.2 确定视廊长度

在已有研究中,视廊的尺度涉及其宽度,如在美国许多城市和地区的区划修编中,最先将景观视廊纳入区划控制体系指导滨水地区的开发活动,规定通向滨水区之间的景观视廊宽度设置以 180 m 为标准,英国眺望景观将景观视廊标准设定为 300 m。而视廊的长度却鲜有提及,事实上,视廊的长度是真实存在的,例如与风景区重要景观建筑建立视廊时,由于风景建筑的尺度相对较低,一般在 30～600 m,观赏者可以在舒适的状态下看清楚景观建筑的整体形象和基本面貌,以及建筑与环境的关系,获得全面而清晰的印象,达到建筑与人均衡的状态。超过 600 m,只能看见建筑轮廓线,较矮的部分大都被遮挡。除了造型突出外,颜色和周围环境对比强烈,尺度明显超过周边建筑,一般情况下很难引起观赏者的注意。因此,视廊的控制针对景区低矮的传统建筑,一般设置为不超过 600 m。

6.2.3 形成视线通廊

视线通廊主要通过开辟道路、控制视廊中的建筑高度与消除视廊中可能遮挡视线的障碍物三种方式实现观赏者在城市共享风景资源。控制高度主要包括对廊道内部空间要素的高度控制以及对廊道范围内城市肌理的控制,从而在保证视线通达的同时又能展现良好的城市形态和天际线。自然景观视廊控制主要采取保护现状,禁止在视廊范围内建设遮挡物或影响视觉效果的构筑物。人工景观视廊控制主要集中于建筑物的塔楼和裙楼,具体的控制方法为:湖泊型风景区边界区域面宽超过预定值时,须设一条适宜宽度的通往水边的景观视廊,在景观视廊的空间范围内没有建筑或严重遮挡视线的构筑物。

香港城市设计指引将景观视廊纳入城市发展蓝图的设计中,并与道路、休憩用地、美化市容地带、低地建筑物形成的景观廊连接起来。同时,要保护可观赏地标、特色景物的视野,避免景观变得狭窄残缺。此外,应尽量增设具有城市渗透性的景观视廊。维多利亚港、扯旗山、狮子山及主要山脊线或山峰的景观均代表香港的整体形象,应对其进行重点保护。维多利亚港的景观视廊对整体形态起重要作用,如由皇后像广场及添马舰特区政府总部大楼至海港的景观视廊和各主要步行道与绿化节点形成的景观视廊,不仅为密集的城市提供视觉调剂,还将现有的游憩用地及绿化延伸至海滨。为了强化景观视廊的视觉效果,需采用不同的操作途径,包括确定建筑物的界限,美化街景,以及透过绿化廊道强化景观方向。

澳大利亚堪培拉采用典型的景观视廊组织方法来保护《格里芬规划》所形成的城市风景特色。堪培拉坐落在由黑山、泰勒山、恩斯里山、马菊拉山和莫加山围绕的山谷地之中,莫郎格洛河穿过其市区。堪培拉总体规划中,提出了保护《格里芬规划》所形成的以国会山为中心向各功能组团辐射的几何式街区组织格局,将国家重要纪念性建筑物与周围的山体、湖区、城市风景和乡村环境融为一个视觉整体。城市景观视廊控制点分为两处:一处是格里芬湖北岸,其以国会山为中心;另一处是格里芬湖南岸,以城市山公园为中心。国会山景观视廊的视点是国会山,其风景眺望对象以格里芬湖为中景,以格里芬湖对岸的城区和远处的群山为远景。为了确保视廊的视线通畅,新建建筑除了与国会山片区内建筑组团的形态、高度、色彩等相协调外,在空间组织上亦需考虑建筑组团内部开敞空间保留与风景视廊间的视觉廊道,以此强化视廊的重要性。城市风景视廊则是以现有的放射型林荫路为视线通廊,在林荫路风景视廊的两侧不允许出现任何阻碍视线的高大建筑物,以实现城内山体对城市外围山体的远景眺望和视线沟通。堪培拉的景观视廊是建立在《格里芬规划》的城市空间结构基础上的,将城市内重要的功能节点作为风景点,将城市内外的山水环境作为视觉焦点联系在一起,追求城市风景环境体验的一致性[①]。

---

① http://www.nationalcapital.gov.au/index.php?option=com_content&view=article&id=372&Itemid=260.

6.3 建筑高度控制

6.3.1 既有建筑高度控制方法

国外对建筑高度的控制大多基于景观美学的要求进行总体控制,延续城市发展的整体脉络。针对不同规划保护对象,欧美及日本等国家制定了不同的规划控制政策与方法[1],见表 6-1。现阶段国内对保护区、遗产地等边界区域建筑高度的控制处于多元化的实践探索阶段,控制方法尚未形成完整体系。本书通过实地调研杭州西湖、长沙岳麓山、武汉东湖、扬州瘦西湖、长春净月潭等国内国家级风景名胜区,以及对大量文献资料进行分析总结,对现有适用于"城-景"边界区域建筑高度的控制方法进行系统梳理。

表 6-1 国外城市建筑高度控制方法

城市	高度控制方法	高度控制要素
英国伦敦	眺望控制法	眺望点、眺望对象、高度控制区
法国巴黎	视线体系控制:纺锤形	远景、全景、视廊
德国斯图加特	分区控制法	以人为尺度
美国旧金山	城市高度及体量条例	高度及体量分区
日本松本市	分区控制法、眺望控制法	眺望点、眺望对象、保护区域

(一) 气球控制法

气球控制法是在风景区内部选取眺望点,在拟建建筑区域放置不同高度的气球,检验边界区域建筑对景区的影响,防止城市建筑在视觉上入侵景区视野,保证核心景区的视觉纯粹性与风景名胜区的视觉完整性。扬州瘦西湖风景名胜区被誉为国内唯一没有视觉污染的景区,建筑高度控制主要采用了气球控制法,在白塔、玉亭桥、二十四桥等主要景区内部景点向边界区域拟建建筑地点眺望,气球消失在观测点视野的位置,即建筑允许建设的最高高度,确保瘦西湖景区内部重要景点均不受城市建筑影响[2]。长春净月潭风景区边界区域的建筑高度控制亦采用了这种

---

[1] 谢晖,周庆华.历史文物古迹保护区外围空间高度控制初探:以西安曲江新区为例[J].城市规划,2014(3):60-65.

[2] 2006年扬州迎宾馆扩建新楼,设计高度为24 m,经过"放气球"试验,建筑高度被压缩到17 m。

方法(图6-5)。但是,此方法适用于控制对象已经确定、已有初步建筑设计方案的情况,也仅能用于单个建筑的高度控制,一般在修建性详细规划和建筑设计方案审批时使用,不能用于控制性详细规划编制。

图6-5 气球控制法现场

图片来源:长春市规划院

(二)最高点控制法

最高点控制法在国内历史文化名城保护规划中应用较多,通常对建筑物(或构筑物)有明确的限高。如:西安明城墙以内的整体控制高度以钟楼宝顶36 m高为限;北京旧城内建筑高度以45 m高的景山山体作为控制上限;拉萨城内建筑限高为布达拉宫顶高117 m;苏州古城内要求新建建筑高度一律不得超过24 m;安阳古城内要求所有建筑高度限制在10 m以下。在"城-景"边界区域,建筑高度也有明确的限高,如长沙市天心阁至岳麓山景区视线走廊高度上限为24 m,重点地段建筑高度控制在18 m以下;杭州西湖风景名胜区湖滨地区的建筑限高为25 m[①]。最高点控制法以重要景观资源最高点作为建筑限高,有效保障景源在区域内的统领地位。但此方法控制内容较单一,需要与其他方法综合使用。

---

① 这一高度是以西湖四周"法国梧桐"的树梢高度为界:人从湖中回望,视线越过树梢,建筑能在树后若隐若现,确保湖滨地区的景色完整。实际上,西湖东岸很多建筑已超限高,规划的严肃性荡然无存。

(三) 分区控制法

分区控制法是在景区边界区域划分若干控制区域,确定各控制区域建筑高度,越接近景区,建筑高度限制越严格。一般以仰视角度或视觉距离为划分控制分区的依据。以仰角为依据时,根据不同仰角计算出控制面,作为不同控制区域的建筑高度上限,从而得到各区域建筑高度控制值(图6-6)。例如,在历史名城保护规划中,采用以仰角45°计算不可建设控制带、以仰角27°计算多层建筑控制带、以仰角9°~18°计算小高层建筑控制带[1],同时视点俯瞰的最佳角度为俯角10°,因此视点的10°俯角范围也是高度的严格控制区[2]。分区控制法操作简单,易于实施管理,但控制区域范围较大,缺乏对视线遮挡及保护观赏对象背景的考虑。

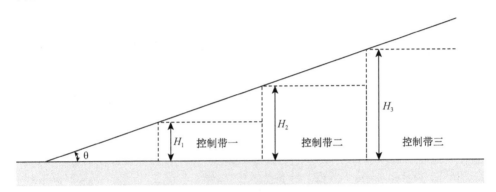

图6-6 以仰角为依据的分区控制法

(四) 眺望控制法

眺望控制法在英国伦敦战略性眺望控制中被提出,针对视廊控制区、景观协调区和背景控制区,实行不同的高度控制要求,以确保观赏者在城市中远距离欣赏美景。通过选择重要眺望点和眺望对象,根据现状高程与距离,经过几何分析控制前景、背景及两侧相关区域建筑高度,以此来保护眺望对象。此方法的适用范围较广,既适用于从城市向景区的眺望分析,也可应用于从景区内向城市的眺望分析。部分案例因视点多、地形复杂而出现计算不准确、不全面等问题,可通过计算机辅助手段予以解决。在传统计算中,将眺望对象假定为固定点,视线常用一条直线来

---

[1] 林寿清,洪庄敏.名城保护规划中的建筑高度控制准则研究:以建筑古迹、历史街区保护为例[J].城市规划,2009(1):88-91.

[2] 谢晖,周庆华.历史文物古迹保护区外围空间高度控制初探:以西安曲江新区为例[J].城市规划,2014(3):60-64.

表示。现实中的眺望点和视线是动态的,传统计算结果往往未能反映真实情况。借助GIS三维分析技术建立建筑高度控制数据模型,不仅能够准确全面地计算整个区域高度控制数据,还能反映出地形变化对其的影响,便于有效控制"城-景"边界区域建筑高度。眺望控制法考虑了视线遮挡及保护眺望对象背景问题,该方法适用于相对高度恒定不变的眺望对象,反之,则较难适应。

(五) 现有方法比较分析

综上所述,对不同方法进行比较分析(表6-2):

表6-2 现有方法比较分析

控制方法	优点	局限性	适用范围	典型案例
气球控制法	操作简单	主要针对景区内不见城市建筑,应用范围狭窄	地形平缓的景区。控制对象方案已确定	扬州瘦西湖、长春净月潭
最高点控制法	控制效果显著,可保证重要景观资源在区域内的统帅地位;易于操作	对城市建设限制过大,不利于城市发展,缺乏灵活性;控制内容单一,未充分考虑人的视觉感受	高耸类历史意义重大的文物古迹	杭州西湖边界保俶塔
分区控制法	简单明确,易于实施管理	控制区域范围较大,但不考虑视线遮挡,也不涉及保护观赏背景;分区依据不足	大部分适用	大部分适用,如北京旧城区
眺望控制法	适用范围广;保证视线不受遮挡,获得良好视觉景观;可采用植被屏障等手段;为高层建筑的发展提供可能	相对复杂,计算存在误差,不同眺望点控制高度存在差异性	大部分适用	长沙岳麓山

6.3.2 "城-景"边界区域建筑高度控制

本书研究主要从视觉景观进行控制,需考虑视线遮挡,因此采用眺望控制法对边界区域建筑高度进行控制,通过选取眺望点、确定眺望对象、模型计算形成高度控制结论(表6-3)。

表 6-3　基于眺望控制法的建筑高度控制

自城观景的"城-景"边界区域建筑高度控制	
观景点	一级观景点:具有影响力的游览胜地和人流量集中地点; 二级观景点:城市重要的开敞空间和人流量相对集中的地点; 三级观景点:城市公共交通重要节点和边界区域重要社区居民活动地区
观景对象	景区山体
视野范围	水平视角 120°;垂直视角向上 30°,向下 40°
控制要求	一级观景点控制范围内建筑高度必须严格控制,建筑遮挡山体的部分不得超过整个山体高度的 1/3;二级观景点控制范围内建筑高度不超过整体山体高度的 1/3 或者 2/3,更侧重于整个风景区范围内建筑与山体之间空间关系的协调。三级观景点控制范围内的建筑高度以看到山体高度的 2/3 或者主要山脊线为原则,以保证其整体视线通廊的通畅
建筑高度 控制模型	$H_x = \dfrac{\frac{2}{3}H - 1.6}{L} L_x + 1.6$ H_x 为控制对象相对高度;H 为观景对象相对高度;1.6 为人体视线相对高度;L 为眺望点与眺望对象的距离;L_x 为眺望点与控制对象的距离
高度控制 区域	景观视廊区
观景点	城市人流集中的高点
观景对象	以水体为主的景区
视野范围	水平视角 120°;垂直视角向上 30°,向下 40°
控制要求	主要视域范围内的建筑高度不得超出由视点和水岸线构成的视域控制面,以确保水体大部分岸线可视
建筑高度 控制模型	$H_x = \dfrac{h + 1.6}{L} L_x$ H_x 为控制对象相对高度;h 为观景点相对高度;1.6 为人体视线相对高度;L 为眺望点与眺望对象的距离;L_x 为眺望点与控制对象的距离

(续表)

自景观城的"城-景"边界区域建筑高度控制	
观景点	风景区重要景点
观景对象	景区重要景观资源
视野范围	水平视角120°；垂直视角向上30°，向下40°
控制要求	景区内重要景点均看不到城市建筑
建筑高度控制模型	$H_x = \dfrac{H-1.6}{L} L_x + 1.6$ H_x为控制对象相对高度；H为观景对象相对高度；1.6为人体视线相对高度；L为眺望点与眺望对象的距离；L_x为眺望点与控制对象的距离。
高度控制区域	眺望对象背景控制区

眺望控制法可以在多个眺望点上观赏同一个眺望对象，按不同观赏位置获取建筑高度控制值。由于该方法的控制范围狭窄，多个眺望点的控制区域无重合范围或者很少，简单眺望控制法不一定需要对多个眺望点的计算结果进行综合考量。从不同观赏点观赏到的景观资源与建筑物之间遮挡的关系有很大差异性（可称为步移景异），对同一个允许建设位置的建筑高度控制值会产生不同影响。如果从多个眺望点看到的景观资源都满足规划要求，就要对多个眺望点的计算结果进行综合。本方法是先分别对多个眺望点进行计算，得到各自的控制范围、控制值，再对多个眺望点的计算结果进行综合。由于本方法的单一眺望点的控制范围大，多个眺望点的控制范围会相互重合，在重合部位，建筑高度控制值很可能不同。所谓综合，就是在重合部位取最小值，以确保所有从眺望点看到的建筑高度不会高于观景对象。

6.3.3 案例验证

（一）研究区域

本书以长春净月潭风景名胜区边界区域的净月组团二期为例，该区域位于城市与净月潭风景名胜区边界处，紧邻长影世纪城，人流量较大，城市环境情况复杂，在规划设计方面具有应用价值。目前该区域周边交通便利，两条轨道线交会于用地范围之内。规划以永顺路为轴线，发展光电信息、商业商务、旅游服务等功能，部分地块已经出让。根据相关部门测算①，基地高程在 220～280 m 之间（图 6-7）。

图 6-7 研究区域与高程信息

（二）选取眺望点及眺望对象

除碧松塔楼山体外，大坝为景区内最高点，也是眺望基地的最不利点。因此选取大坝为眺望点（A、B），向边界方向眺望，基地被净月大街沿线的松树遮挡，选取边界处的松树为眺望对象，以城市建筑不超过林冠线为控制目的，主要建筑高度控制区域为林冠线背景控制区。由于景区内部高程低于边界，以林冠线为基准，存在的一个仰角范围为垂直视野（图 6-8、图 6-9）。

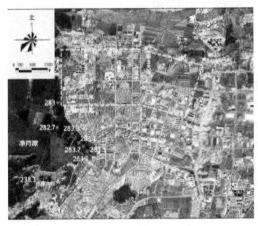

图 6-8 平面示意
图片来源：根据卫星影像图绘制

图 6-9 从净月潭大坝眺望城市

---

① 净月大街高程以及长青公路沿线树木高度由长春市测绘院提供。

(三) 具体测算

眺望点高程为 238.1 m，以人体视线高度 1.5 m 为标准，以净月大街边松树为眺望对象(图 6-10、图 6-11)，松树顶部高程为 283 m；林冠线与眺望点直线距离为 2 793 m，与研究的建筑距离为 859 m，通过计算，结合现状地形，得出松树可以遮挡住的建筑物控制高程为 301 m(本书暂不考虑林冠线的生长高度变化)。

图 6-10　以林冠线为遮挡参照示意图

图片来源：根据卫星影像图绘制

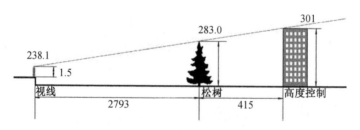

图 6-11　立面示意图(单位尺寸：m)

以此方法类推，从 A、B 两点向基地各个方向眺望，经过长青公路林冠线测算不同视域范围内不可见的最高高度。由 GIS 生成设计视域的等高线，距离视点越远，被遮挡的建筑高度越高。将 A、B 两点形成的视域等高线相叠加，取最小值为最不利方案(图 6-12)。

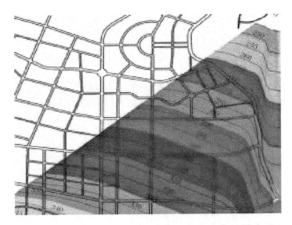

图 6-12　从 A、B 点眺望基地形成视域高程等高线

　　本章从宏观尺度对"城-景"边界区域整体形态进行了视觉景观控制研究,通过眺望控制法、数理分析结合 GIS 三维分解技术对天际轮廓线、景观视廊与建筑高度进行控制,保护风景区的视觉景观完整性。在天际线控制层面,主要对曲折度与轮廓层次两个变量进行了控制研究。简化后的天际线曲线上,极大值点(曲线的局部制高点)和极小值点(曲线的局部低点)是轮廓线曲折度变化的关键控制点。将天际线上形成局部制高点的标志性建筑作为主要控制对象,提出了三项定量控制天际线曲折度的规则。根据不同层次建筑可视面的比例,通过控制建筑布局与高度,形成层次丰富的天际线景观形态。此外,还提出了不同层次之间关系的控制要求。在景观视廊控制层面,主要通过开辟道路、控制视廊中的建筑高度与消除视廊中可能遮挡视线的障碍物三种方式,实现观赏者在城市中对风景资源的共享。在建筑高度控制层面,比较分析了传统既有建筑高度控制方法,并对其进行改进,提出了针对"城-景"边界区域的建筑高度控制方法,并通过案例进行了合理性验证。

第七章
"城-景"边界区域视觉景观空间布局控制

本章主要从中观尺度探究与城市空间形态肌理密切相关的边界空间。一方面延续宏观结构,另一方面考虑与微观尺度的联系,中观尺度的操作均建立在宏观尺度结构的基础上。现阶段,"城-景"边界区域的空间布局缺乏对行为主体观景路线、观景点与景源关系的规律性把握。通过研究观赏者行为路线的规律和视觉特征,进而优化边界空间布局,提高城市风景资源的共享性。因此,本章从观景点布局、景观序列组织与建筑群体布局三个层面进行中观尺度视觉景观的控制研究。

7.1 观景点布局

"城-景"边界区域的景观节点同时又可作为观景点。本书借鉴马斯洛需求层次理论[①],将视觉体验理解为一种由低级向高级的感知过程。在"坐城观景"的体验中,观景点布局要满足以下几点需求:① 可达性,即观赏者是否易于到达观景点;② 可见性,即观赏者在观景点是否可以看见重要景观资源及可见程度;③ 可见程度,即观赏者观看景源符合景观美学评价标准。

风景区景源要素数量庞大,首先应对景区重要景源进行筛选。其次可通过空间句法确定边界区域可达性好的地段,以此作为观景点的拟定区域并初步设置若干个观景点,运用 GIS 对观景点进行可见性分析,利用 Q 分析法对观景点进行二次筛选,最终得出"城-景"边界区域最佳观景点(表 7-1)。

---

① 马斯洛需求层次理论(Maslow's hierarchy of needs),亦称"基本需求层次理论",是行为科学的理论之一,由美国心理学家亚伯拉罕·马斯洛于 1943 年在《人类激励理论》论文中提出。马斯洛需求层次理论把需求分成生理需求、安全需求、归属与爱的需求、尊重需求、自我实现需求五类,依次由较低层次到较高层次排列。

表 7-1 观景点选取步骤

研究内容	研究目标	方法	技术
景源筛选	确定景源价值级别	层次分析法	SPSS
观景点可达性分析	视点是否可达	空间句法	Depthmap、Autocad
视觉可见性	视频、视域	视域分析	Global Mapper、GIS
可见程度	确定观景点与景源之间的结构关系	Q分析法	SPSS

7.1.1 基于景观资源评价的目标景源筛选

景源,即被观赏物。按照形态可以细分为孤立性点状景源、连续性现状景源及区域性面状景源。按其自然性征,可细分为水体、山体、建筑和农田等。景源评价是依据《风景名胜区规划规范》规定的风景资源评价指标层次,对项目评价层的17个指标进行权重分析(表7-2)。确定分值后,可将风景资源分为特级、一级、二级、三级与四级五重标准确定景源等级(表7-3)。

表 7-2 风景资源评价指标层次表

综合评价层	赋值	项目评价层	因子评价层
景源价值	70~80	(1) 欣赏价值; (2) 科学价值; (3) 历史价值; (4) 保健价值; (5) 游憩价值	①景感度;②奇特度;③完整度。 ①科技值;②科普值;③科教值。 ①年代值;②知名度;③人文值。 ①生理值;②心理值;③应用值。 ①功利性;②舒适度;③承受力
环境水平	20~10	(1) 生态特征; (2) 环境质量; (3) 设施状况; (4) 监护管理	①种类值;②结构度;③功能值。 ①要素值;②等级度;③灾变率。 ①水电能源;②工程管网;③环保设施。 ①监测机能;②法律配套;③机构设置
利用条件	5	(1) 交通通信; (2) 食宿接待; (3) 客源市场; (4) 运营管理	①便捷性;②可靠性;③人文值效能。 ①能力值;②标准;③规模。 ①分布;②结构;③消费。 ①职能体系;②经济结构;③居民社会
规模范围	5	(1) 面积; (2) 体量; (3) 空间; (4) 容量	

表 7-3　风景资源评价指标层次表

景源级别	评价标准
特级景源	具有珍贵、独特、世界遗产价值和意义,有世界奇迹般的吸引力
一级景源	具有名贵、罕见、国家重点保护价值和国家代表性作用,在国内外著名和有国际吸引力
二级景源	具有重要、特殊、省级重点保护价值和地方代表性作用,在省内外闻名和有省际吸引力
三级景源	具有一定价值和游线辅助作用,有市县级保护价值和相关地区的吸引力
四级景源	具有一般价值和构景作用,有本风景区或当地的吸引力

7.1.2　基于可达性的观景点初步筛选

可达性是"城-景"边界区域景观节点布局的前提条件,良好的景观节点应易于到达且具有活力。本书运用空间句法对观景点的可达性进行初步判定。具体操作过程为:① 从 Google Earth 选取研究区域地形图;② 在 Autocad 里绘制轴线图,将其转化为适用于 Depthmap 软件的 Dxf 格式文件并生成轴线模型;③ 由轴线地图模型转化为线段模型,并对其进行分析。线段模型的分析半径可以按物理距离、角度、深度及线段拓扑步数取值,主要采用的空间形态描述参量为整合度①、选择度②和可理解度③(图 7-1)。对每条线段的局部整合度与其全局整合度值进行相关性分析,相关性越强,则可理解性越好,反之亦然。将其相关性表示为 $R2$ 值,以此作为衡量可理解性大小的参数。$R2$ 在 0～0.5 之间表示区域可理解性较差,$R2$ 在 0.5～0.7 之间表示可理解性良好,$R2$ 在 0.7～1.0 之间表示区域具有极强的可理解性,且可达性好,人流集中。选择度的算法为 $\log(Choice+1)/\log(Total\ depth+3)$,可以得出区域内交通密集程度,即可达性好的区域。

7.1.3　基于可见性分析的观景点选址

本书的研究目标之一是使风景名胜区的景观资源可以为城市所共享,因此边

---

① 整合度值的大小反映的是节点空间与整体空间系统中所有节点的联系紧密程度。整合度高的空间区域反映出空间具有较高的人群聚集属性。与其他空间变量相似,空间整合度也有整体整合度和局部整合度的区分。

② 选择度是考察一个空间出现在最短拓扑路径上的次数。

③ 可理解度考察的是空间单元容易被穿行其中的人理解的程度,是衡量从一个空间所看到的局部空间结构,是否有助于建立起整个空间系统的图景,即能否作为其看不到的整个空间结构的引导。

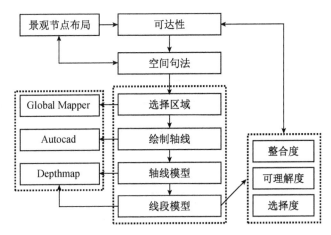

图 7-1 观景点可达性控制技术路线图

界区域观景点布局应位于可以看到景源的区域。本书通过 GIS 视域分析判定景观节点的位置。可见性分析指在一个或多个视点的视域的可见范围分析,视域分析仅能产生可见、不可见两种计算结果,对不同观景点的视域范围进行比较,确定最佳观景点,这种方法适合于规划初期对可视范围的判定[①]。人对空间认知的视觉信息完整度与其在该空间的驻留成正比,可视性分析与空间认知具有潜在的关联性,对复杂空间的认知极其重要[②]。具体方法如下:第一,将地域高程信息数据导入 GIS 软件,生成地形数据 TIN 网格,收集该地域的三维地形数据;第二,将预设拟定的观景点文件(在可达性好的区域上拟定若干观景点)导入 GIS 中,与现有的 TIN 地形叠合;第三,取 1.6 m 为视点高度,利用 GIS 三维分析技术针对研究区域导入的观景点进行视域分析,根据软件计算,得出观景点的可视区域,由此得出每个观景点可以看到的目标景源(图 7-2)。

7.1.4 基于 Q 分析法的观景点选址

Q 分析法由数学家阿特金(Ronald Atkin)于 20 世纪 70 年代提出。基于集合论与现代拓扑学,Q 分析法通过研究单一元素集或者不同集合元素之间的关系,揭示出不同事物之间的结构关系,已经被广泛应用于科学、情报、数据分析等许多领域。Q 分析法蕴含两个关键性因素:"背景与交通"。"背景"是指被分析的不同集

---

① Brent C, Chamberlain A. A route-based visibility analysis for landscape management[J]. Landscape and Urban Planning, 2013(1):13-24.
② 杜嵘,唐军.景区规划中视域景观结构的量化分析[J].中国园林,2012(10):46-49.

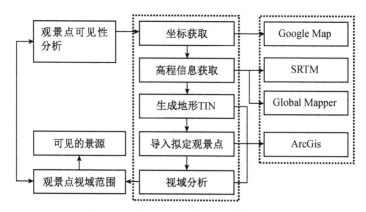

图7-2 观景点可见性分析技术路线图

合元素及其之间的关系;"交通"是指不同多维体(后文有详细阐述)之间的活动关系。Q分析法是对不同事物的关联度赋值,从而将定性关系转化表达为定量关系。人们可以清晰地了解不同集合的元素之间的关联程度,选择出关联程度高的元素。Q分析法的意义在于对庞杂的数据系统进行统计学整理,同时用理性的方法筛选出最佳观景点。

假设将观景点集合命名为 X,$X=\{X_1,X_2,X_3,\cdots,X_m\}$,$X_1 \sim X_m$ 为集合中的元素。将景观资源集合命名为空间集合 Y,$Y=\{Y_1,Y_2,Y_3,\cdots,Y_n\}$,$Y_1 \sim Y_n$ 为集合中的元素;若 X 集合中的任意一个元素 X_m 与 Y 集合中的元素 Y_n 发生关联,则 $\lambda_{mn}=(X_m,Y_n)$。如在观景点 X_m 可以看到景源 Y_n,则 X_n 与 Y_m 发生关联,$\lambda_{mn}=1$;否则为0。

Q分析中的组成元素为单纯形(simplex),整个结构称为单纯复形(simplicial complex)。单纯复形就是相关多个单纯形的集合,维数为 d。单纯复形用于表示观景点与景源之间的关联关系。

若 X_m 的相关元素在 Y 集合中有 k 个,则可以表示为 $\lambda_{pm}=(Y_p,X_m)=1$(其中 $p=1,\cdots,k$)。λ_{pn} 可以通过拓扑几何的图形学语言表达成为一个多维体。例如当 X_m 可见1个景源 Y_1,则 $\lambda_{1m}=(Y_1\ X_m)$,几何图形为一个点,其维度 $d=0$;当 X_m 可见2个景源 Y_1、Y_2,则 $\lambda_{1m}=(Y_1,X_m)$、$\lambda_{2m}=(Y_2\ X_m)$,几何图形为一条线段,其维度 $d=1$;当 X_m 可见3个景源 Y_1、Y_2、Y_3,则 $\lambda_{1m}=(Y_1,X_m)$、$\lambda_{2m}=(Y_2,X_m)$、$\lambda_{3m}=(Y_3,X_m)$,几何图形为一个三角形面,其维度 $d=2$;以此类推,当 X_m 单纯型与 Y 集合中 P 个元素关联,其维数为 $d=P-1$。见图7-3。

当维数提升后,很难从几何角度直观表达,Q分析法提出了Q-邻近与Q-连

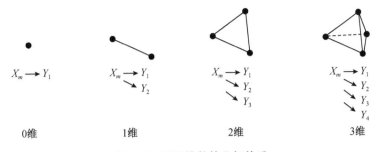

图 7-3　不同维数的几何关系

接。如果两个单纯型，即两个观景点共同可见 $Q+1$ 个景源对象，则称这两个单纯型为 Q 邻近。对于"城-景"边界空间区域而言，若两个观景点能够共同看到 3 个景源，则称其为 2 维邻近，而 Q-连接表达的是一种起承转合的关系，两个单纯型不一定相邻，只需要中间有中介单纯型进行过渡即可。如从观景点 X_1 能够看到 Y_1、Y_4、Y_8 三个景源，而从观景点 X_3 可以看到 Y_2，Y_4，Y_8 三个景源，从观景点 X_5 能看到 Y_6、Y_8 两个景源，虽然 X_1 与 X_5 两者之间不可见，但 Y_1 与 Y_3 是 1 维邻近，Y_3 与 Y_5 是 0 维邻近，那么 Y_1 与 Y_5 是 0 维相关（维数取邻近数的最小值）。Q 分析法认为，元素之间的关系是可以传递的，不局限在相邻的单纯型之间。相邻关系可看成是相关关系的特例，称为自相关。由于 Q 分析法是研究两个集合之间的关系结构，所以 Ronald Atkin 通过矩阵表达深层结构关系，具体分为以下几步：

1) 建立关联矩阵

在笛卡尔体系下，由两个集合元素 $\{m, n\}$ 构成 $\{0, 1\}$ 矩阵。矩阵是将两个集合中的元素 (m, n) 通过赋值为 0 或 1 来表达之间的关系。建立矩阵的目的是清晰阐述两个集合元素之间的关系，便于后续研究的深层次分析。

2) 形成共面矩阵。基于上文所述，几何图形虽然直观，却存在维度制约。共面矩阵由单纯型本身维度与单纯型之间 Q-邻近维度数据构成，其基本原理为若两个单纯型有 Q 个公共点，则是 Q 维邻近。关联矩阵转化为共面矩阵的公式为：

$$S_{ij} = \sum_{k}^{m} \lambda_{ik} \lambda_{jk} - 1 \qquad (7-1)$$

3) 计算离心率：根据共面矩阵，可以直观地看出某单纯型 X 单独型的最高维度和与其他单纯型发生关联时候的最高维度。通过这两个数据可以用"离心率"表达单纯型 X 在单纯复形结构中偏离背景结构的程度[①]。离心率越大，证明该单纯

---

① 窦平安. Q 分析法：图书馆学情报学的结构语言[J]. 情报科学，1991(8)：23.

型偏离背景结构中心程度越大,与其他单纯型交流越困难;离心率越小,证明由此可以通过统计学的方式较为客观地评价出那些拟定观景点具有更高的可视效率。离心率的计算公式为:

$$E = \frac{A-B}{A+1}(A、B \geqslant 0)。 \qquad (7-2)$$

其中,A 指 X 单独型的最高维度,B 指与其他单纯型发生关联时候的最高维度。综上所述,本书采用 Q 分析法研究"城-景"边界区域观景点与景区景源之间的关联关系。对于观景点的选取引用亚历山大的话:集合的最大好处就是其中的元素可以依需要不限数目,并且不必仅限于可被量化表达的那些要求。Q 分析法提供的是一种空间分析的解析思路,利用这种方法对视域景观结构进行分析,为"城-景"边界区域游线组织、建筑选址以及结构布局提供结构测度的科学量化分析方法。

7.1.5 案例验证

(一) 研究范围

图 7-4 研究区域

本书选择湖南长沙岳麓山风景名胜区边界东侧的城市空间作为研究对象,景区以山地为主,主要景源分布于不同高程,视线分析方面具有代表性;景区与城市交融,周边城市环境(包括湖南大学)复杂,在规划设计层面具有应用价值。视觉景观控制的目标在于最大限度利用景区资源,实现边界区域空间布局与景区的视线连通。研究区域位于岳麓山风景名胜区边界与湘江之间,南起枫林一路,北至阜埠路(图 7-4)。区域内有六条主要道路,其中南北向为麓山路、麓山南路和潇湘中路,东西向为新民路、桃子湖路和牌楼路。

(二) 景源筛选

景源的选择主要依据长沙岳麓山风景名胜区总体规划确定的核心景区的 32 个景源。岳麓书院以其独特的世界文化价值成为景区的特级景源,另外有一级景源4个、二级景源5个、三级景源13个、四级景源2个与7处其他景源。

(三) 基于可达性分析的观景点选址

通过空间句法对研究区域生成线段模型(共计499条),得出局部整合度(图7-5)与全局整合度(图7-6),其中有99条局部整合度高的线段,value值在132～155范围内(图7-7)。

图7-5 全局整合度线段图　　图7-6 局部整合度线段图

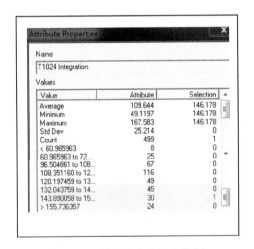

图7-7 局部整合度分布数据

对局部空间整合度与全局空间整合度做相关性分析,$R2$值为0.84,表明区域可理解度良好(图7-8),图示中的红色部分为可理解度最好的区域(图7-9)。

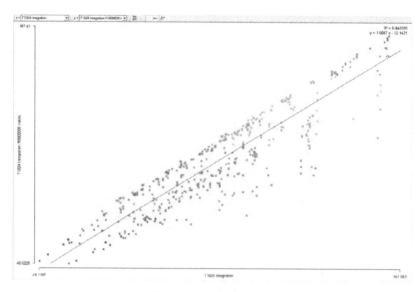

图7-8 可理解度散点图

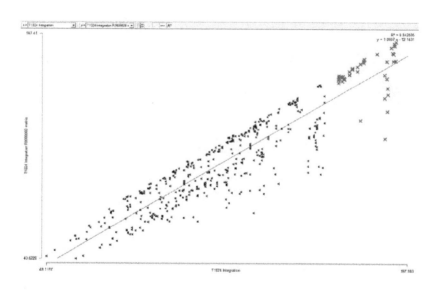

图7-9 可理解度最好的道路散点图

通过式(7-3)可得出区域的穿行度 a，表现出区域交通的密集程度(图7-10)。红色和橙色表示交通密集程度最高的道路，与可理解度最高的四条道路相吻合。因此，麓山路、牌楼路、桃子湖路和潇湘中路为研究区域内可理解度最高、可达性好、人流集中的区域，以此作为最佳观景点备选区域(图7-11)。

$$a=\frac{\log\{\text{value}("T1024\text{ChoiceR}3000\text{metric}")+1\}}{\log\{\text{value}("T1024\text{TotalDepthR}3000\text{metric}")+3\}} \quad (7-3)$$

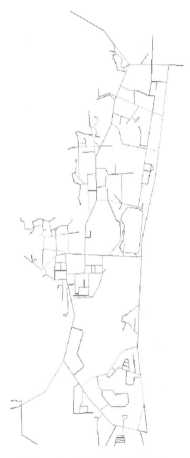

图 7-10 整体交通密集程度

图 7-11 观景点初选区域

(四) 基于可见性分析观景点选址

在观景点可达性分析得出的区域中，每隔 100 m 拟设 1 个观景点，利用 GIS 三维分析技术对观景点逐一进行视域分析，做出每个观景点的可见性分析图(图 7-12)，并建立视域关联矩阵①(表 7-4)。

---

① X_n 代表观景点，Y_n 为景源。

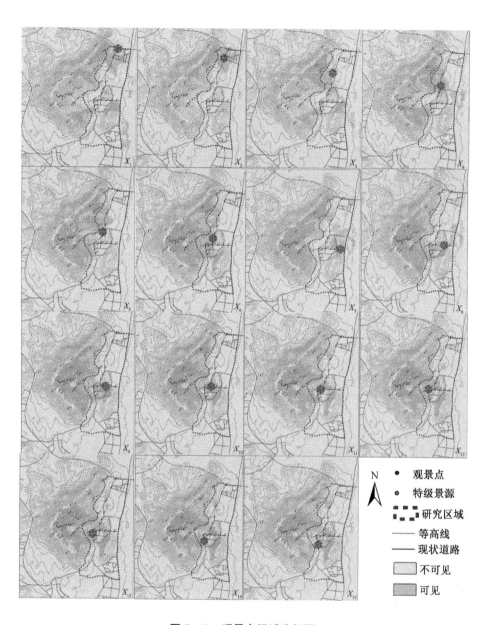

图 7-12 观景点视域分析图

表7-4 可视性分析"0-1"矩阵

	X_1	X_2	X_3	X_4	X_5	X_6	X_7	X_8	X_9	X_{10}	X_{11}	X_{12}	X_{13}	X_{14}	X_{15}
Y_1	0	0	0	0	0	0	0	0	0	0	0	0	0	0	0
Y_2	1	1	0	0	0	0	0	0	0	0	0	0	0	0	0
Y_3	1	1	1	1	1	1	0	0	0	1	1	0	0	1	1
Y_4	0	0	1	1	1	1	0	0	0	1	0	0	0	0	0
Y_5	0	0	1	1	1	1	0	0	0	0	0	0	0	0	0
Y_6	0	0	1	1	1	0	0	0	0	0	0	0	0	0	0
Y_7	1	1	1	1	1	1	1	1	1	1	1	1	1	1	1
Y_8	0	0	0	0	0	0	0	0	0	0	0	0	0	0	0
Y_9	0	0	0	0	1	0	1	1	1	1	1	1	1	1	1
Y_{10}	0	0	1	1	1	0	0	0	0	0	0	0	0	0	0
Y_{11}	0	0	0	0	0	0	0	0	0	0	0	0	0	0	0
Y_{12}	0	0	0	0	0	0	0	0	0	0	0	0	0	0	0
Y_{13}	0	0	0	0	0	1	0	1	1	1	1	1	1	1	1
Y_{14}	0	0	0	0	1	1	0	1	1	1	1	1	1	1	1
Y_{15}	0	0	0	0	1	1	0	1	1	1	1	1	1	1	1
Y_{16}	0	0	0	0	1	1	0	1	1	1	1	1	1	1	1
Y_{17}	0	0	0	0	1	1	0	1	1	1	1	1	1	1	1
Y_{18}	0	0	0	0	1	1	0	1	1	1	1	1	1	1	1
Y_{19}	0	0	0	0	1	1	0	1	1	1	1	1	1	1	1
Y_{20}	0	0	0	0	1	1	0	1	1	1	1	1	1	1	1
Y_{21}	0	0	0	0	1	1	0	1	1	1	1	1	1	1	1
Y_{22}	0	0	0	0	1	1	0	1	1	1	1	1	1	1	1
Y_{23}	0	0	0	0	1	1	0	1	1	1	1	1	1	1	1
Y_{24}	0	0	0	0	1	1	0	1	1	1	1	1	1	1	1
Y_{25}	0	0	0	0	1	1	0	1	1	1	1	1	1	1	1
Y_{26}	0	0	0	0	1	1	1	1	1	1	1	1	1	1	1
Y_{27}	0	0	0	0	1	1	0	0	0	0	0	0	0	0	0

(续表)

	X_1	X_2	X_3	X_4	X_5	X_6	X_7	X_8	X_9	X_{10}	X_{11}	X_{12}	X_{13}	X_{14}	X_{15}
Y_{28}	0	0	0	1	1	0	0	0	0	0	0	0	0	0	0
Y_{29}	0	0	0	1	1	1	1	1	1	1	1	1	1	1	1
Y_{30}	0	0	0	0	0	0	0	0	0	0	0	0	0	0	0
Y_{31}	0	0	0	1	1	1	1	1	1	1	1	1	1	1	1
Y_{32}	0	0	0	0	0	0	0	0	0	0	0	0	0	0	0

（五）基于 Q 分析法的观景点二次筛选

根据"0-1"矩阵数据，经过计算得出每个观景点的维数（表7-5），以此作为 Q 分析的基础数据。笔者依据以上数据整理出景观结构的共面矩阵模型（表7-6）。最后，得出每一个拟定观景点的离心率 e（表7-7）。在拟定的15个观景点中，X_3、X_4、X_7、X_8、X_9、X_{10}、X_{11}、X_{12}、X_{13}、X_{14}、X_{15} 观测点具有较低的离心率，适宜作为边界区域的观景点。

表7-5 不同观景点的维数分析

观景点	维数	景源
X_1	2	Y_2、Y_3、Y_7
X_2	2	Y_2、Y_3、Y_7
X_3	5	Y_3、Y_4、Y_5、Y_6、Y_7、Y_{10}
X_4	8	Y_3、Y_4、Y_5、Y_6、Y_7、Y_{10}、Y_{28}、Y_{29}、Y_{31}
X_5	22	Y_3、Y_4、Y_5、Y_6、Y_7、Y_{10}、Y_{14}、Y_{15}、Y_{16}、Y_{17}、Y_{18}、Y_{19}、Y_{20}、Y_{21}、Y_{22}、Y_{23}、Y_{24}、Y_{25}、Y_{26}、Y_{27}、Y_{28}、Y_{29}、Y_{31}
X_6	21	Y_3、Y_4、Y_5、Y_7、Y_9、Y_{13}、Y_{14}、Y_{15}、Y_{16}、Y_{17}、Y_{18}、Y_{19}、Y_{20}、Y_{21}、Y_{22}、Y_{23}、Y_{24}、Y_{25}、Y_{26}、Y_{27}、Y_{29}、Y_{31}
X_7	3	Y_7、Y_{26}、Y_{29}、Y_{31}
X_8	17	Y_7、Y_9、Y_{13}、Y_{14}、Y_{15}、Y_{16}、Y_{17}、Y_{18}、Y_{19}、Y_{20}、Y_{21}、Y_{22}、Y_{23}、Y_{24}、Y_{25}、Y_{26}、Y_{29}、Y_{31}
X_9	17	Y_7、Y_9、Y_{13}、Y_{14}、Y_{15}、Y_{16}、Y_{17}、Y_{18}、Y_{19}、Y_{20}、Y_{21}、Y_{22}、Y_{23}、Y_{24}、Y_{25}、Y_{26}、Y_{29}、Y_{31}
X_{10}	19	Y_3、Y_4、Y_7、Y_9、Y_{13}、Y_{14}、Y_{15}、Y_{16}、Y_{17}、Y_{18}、Y_{19}、Y_{20}、Y_{21}、Y_{22}、Y_{23}、Y_{24}、Y_{25}、Y_{26}、Y_{29}、Y_{31}
X_{11}	18	Y_3、Y_7、Y_9、Y_{13}、Y_{14}、Y_{15}、Y_{16}、Y_{17}、Y_{18}、Y_{19}、Y_{20}、Y_{21}、Y_{22}、Y_{23}、Y_{24}、Y_{25}、Y_{26}、Y_{29}、Y_{31}
X_{12}	17	Y_7、Y_9、Y_{13}、Y_{14}、Y_{15}、Y_{16}、Y_{17}、Y_{18}、Y_{19}、Y_{20}、Y_{21}、Y_{22}、Y_{23}、Y_{24}、Y_{25}、Y_{26}、Y_{29}、Y_{31}
X_{13}	17	Y_7、Y_9、Y_{13}、Y_{14}、Y_{15}、Y_{16}、Y_{17}、Y_{18}、Y_{19}、Y_{20}、Y_{21}、Y_{22}、Y_{23}、Y_{24}、Y_{25}、Y_{26}、Y_{29}、Y_{31}

(续表)

观景点	维数	景源
X_{14}	18	Y_3、Y_7、Y_9、Y_{13}、Y_{14}、Y_{15}、Y_{16}、Y_{17}、Y_{18}、Y_{19}、Y_{20}、Y_{21}、Y_{22}、Y_{23}、Y_{24}、Y_{25}、Y_{26}、Y_{29}、Y_{31}
X_{15}	18	Y_3、Y_7、Y_9、Y_{13}、Y_{14}、Y_{15}、Y_{16}、Y_{17}、Y_{18}、Y_{19}、Y_{20}、Y_{21}、Y_{22}、Y_{23}、Y_{24}、Y_{25}、Y_{26}、Y_{29}、Y_{31}

表 7-6 不同观景点的共面矩阵模型

X_1	2														
X_2	2	2													
X_3	1	1	5												
X_4	1	1	5	8											
X_5	1	1	5	8	22										
X_6	1	1	3	5	19	21									
X_7	0	0	0	2	3	3	3								
X_8	0	0	0	2	15	17	3	17							
X_9	0	0	0	2	15	17	3	17	17						
X_{10}	1	1	2	4	17	19	3	17	17	19					
X_{11}	1	1	1	3	16	18	3	17	17	18	18				
X_{12}	0	0	0	2	15	17	3	17	17	17	17	17			
X_{13}	0	0	0	2	15	17	3	17	17	17	17	17	17		
X_{14}	1	1	1	3	16	18	3	17	17	18	18	17	17	18	
X_{15}	1	1	1	3	16	18	3	17	17	18	18	17	17	18	18
	X_1	X_2	X_3	X_4	X_5	X_6	X_7	X_8	X_9	X_{10}	X_{11}	X_{12}	X_{13}	X_{14}	X_{15}

表 7-7 不同观景点的离心率数据

观景点	X_1	X_2	X_3	X_4	X_5	X_6	X_7	X_8
e	0.16	0.33	0	0	0.13	0.09	0	0
观景点	X_9	X_{10}	X_{11}	X_{12}	X_{13}	X_{14}	X_{15}	
e	0	0	0	0	0	0	0	

上述方法的研究主要基于理想状态下的观景点选址,在实际调研中可以发现,上述观景点的视域范围内被大量植被及规划无序的建筑遮挡,无法看到景区有价

值的景观资源,在城市更新中应考虑拆除或重点控制。

7.2 景观序列组织

生活是一连串感受的连续流,每一个动作或每个瞬间总是由前一个感受引导,并将成为即将来临的感受的序幕。——埃德蒙·N.培根

7.2.1 空间序列组织

"城-景"边界区域的视觉景观感知根据其变化幅度可分为静态不变型、动态渐变型与突变型三种状态(图7-13)。渐变型和突变型具有历时性特征,突变显现在视觉体验时具有瞬时性。空间序列控制目标在于运用渐变与突变合理引导动态空间。当渐变与突变发生在相关联的元素之间时可以反映空间联系。将一个或多个空间对比元素贯穿于空间序列,元素在不同空间之间的对比产生其空间联系,从而实现协调景观空间序列与体验的多样与统一。

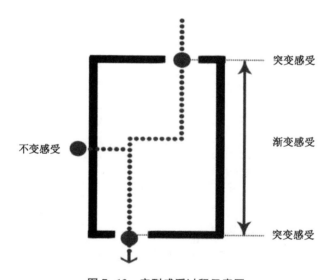

图7-13 序列感受过程示意图

随着时间的推移,观赏主体在边界区域观景的视觉感受是其注意力在实体与空间之间的不断转换,为实体与空间的结合的体验过程。获取的视觉景观信息源自空间界面、视觉界面与空间的实体要素。本书研究总结了景观空间中的常见对比元素(表7-8)。

表7-8 景观空间序列常用对比元素表

空间特征	视觉特征	空间中的物体
大小	收放	单调与丰富
形状	近远	水景:形状大小
曲直	向心与向外	水景:动静
纵横	实与虚	水景:急缓
上下	主景藏与露	植物:色彩
平与陡	平视、仰视与俯视	植物:品种
围合面材质的软硬		建筑:体量

在已有研究成果中,"旷奥变化"①一直为景观动态视觉感受中的最重要的元素。在"城-景"边界区域视觉景观序列组织中,本书借鉴冯纪忠提出的"旷奥对比"以及刘滨谊在此基础上总结的旷奥对比方式,运用空间大小、视域收放、视距远近和向心与向外这四种常见的对比方式构成了"城-景"边界区域视觉景观的旷奥对比体系。

为了对旷奥对比的控制手法进行简单的量化尝试,本书对四组对比元素进行简化和提取,提炼出影响旷奥对比的3个变化指标,即空间界面尺度、视觉界面尺度以及两者之间的关系。根据景观空间旷奥对比的影响变量和范围,提出相应的序列空间单元模式(表7-9)。为使研究简化,本书采用空间边长、视距和叠合关系这3个次级变量进行模式划分,总结出3种基本空间类型:

表7-9 影响旷奥对比的3个变化指标

旷奥对比变量	次级变量	具体数据	量化依据
空间界面尺度	空间边长	<8 m;8～25 m;25～110 m;>110 m	公共距离
视觉界面尺度	视距	<8 m;8～25 m;25～110 m;110～390 m;>390 m	公共距离
	水平视角	<30°;30～120°;>120°	人眼的视角特点
	高宽比	D/H<1;D/H=1;D/H>1	户外空间高度比指标
空间界面与视觉界面的关系	叠合关系	空间界面与视觉界面重合;视觉界面大于空间界面;空间界面大于视觉界面	

(1)空间界面和视觉界面的尺度较小,空间界面与视觉界面基本重合。此类空间围合性强,属于视觉向心性的空间,空间上的开口会引发观赏者的运动趋势(图7-14)。

图7-14 视觉界面等于空间界面

---

① 公元810年,唐代思想家柳宗元用"旷奥"二字对自然景观中的动态感受进行了总结。1979年,冯纪忠引用其论述,提出以"旷奥对比"来组织风景空间序列的想法。此后,刘滨谊于1986年针对"风景旷奥度"进行研究,利用计算机航测技术建立了风景旷奥度评价体系。"旷奥"一词涵盖了视觉景观在众多层面的变化。

(2) 空间界面及视觉界面尺度较大,视觉界面等于或大于空间界面。这种空间围合感较弱,没有明显的运动或静止的诱因,人们的活动趋向空间边缘(图 7-15)。

图 7-15　视觉界面重合或超出空间界面

(3) 视觉界面尺度大于空间界面(图 7-16)。观赏者所处的空间受到限定,但视觉过于开敞,属于视觉扩散型的空间。如果空间本身有很好的围合感,则符合"瞭望—庇护"原理而具有良好的空间品质,成为人们乐于停留的地方。

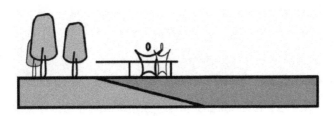

图 7-16　视觉界面大于空间界面

借助三种空间类型的对比,进而控制边界区域景观序列,营造观景者经过其中一种空间类型后,想要进入另外一种空间的体验气氛。

日本 Miho(美秀)美术馆①中的空间序列源自贝聿铭对陶渊明笔下《桃花源记》故事情节的解读重现。"林尽水源,便得一山。山有小口,仿佛若有光。便舍船,从口入。初极狭,才通人。复行数十步,豁然开朗。土地平旷,屋舍俨然……",观赏者在到达博物馆之前先后经历了隧道、吊桥,随后进入入口通路。体验过程层次丰富。首先,将观赏者置于幽暗的隧道中,步移景异,前方博物馆隐约显现;而后,隧道出口豁然开朗,观赏者通过飞桥到达博物馆入口,序列组织营造了观赏者从封闭状态转为全开敞状态的心理体验,实现隧道内部渐变与突变。隧道和吊桥正是设计师将观赏者带入"桃花源"所预设的悬念(图 7-17、图 7-18)。

---

① 虽然其位置不属于城市型风景名胜区边界,但是对景观序列的把握对本书有重要的借鉴意义。

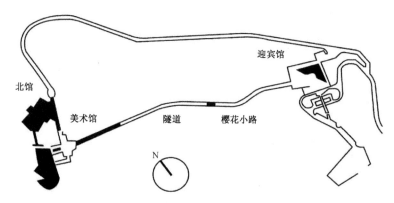

图 7-17　日本 Miho(美秀)美术馆序列平面示意图

隧道中

从隧道中望主体建筑

隧道出口与吊桥

主体建筑

隧道出口

从建筑内部望隧道出口

图 7-18　日本 Miho(美秀)美术馆空间序列

7.2.2　时间序列组织

纳沙(Nasar)认为,完整的认知过程可以归结为前认知阶段和认知阶段。环境的预测更多属于前认知,人对环境有着近乎瞬间的潜意识感知反应。认知阶段,人们有意识地去探索环境的更深层信息,时间长度在一定程度上决定了人们了解环境信息量与预测的思维深度。

冯纪忠提出,感受量、距离、变化幅度、时间与速度四者之间的相互关系为景观空间序列组织的一条重要线索。以感受时间来代替上述关系中的距离、时间或速度,研究内容将影响感受的变量简化为变化幅度,感受时间及二者的关联变量。下文将基于对其的数理关系,论证上述变量对历时感受(经过的时间)和瞬时(瞬间)感受所产生的影响,具体如下:

1) 感受时间控制

在"城-景"边界区域通过路径的设置,对各空间的内部感受时间进行合理调配。同理,直道水流流速较快,便于快速行进;弯道流速较慢,尺度变宽。当沿边界区域道路的风景观赏价值较低时,设置快速通道路径,此处应避免设置重要观景点;反之,则可将路径设置得相对蜿蜒,减缓观赏者的行进速度,可设置重要的观景点,辅之茶歇、休憩等游憩功能设施(图7-19)。

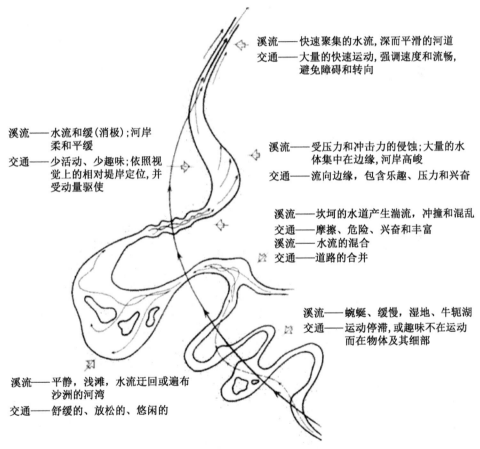

图 7-19 徒步流线与流水的比较性研究

图片来源:约翰·O. 西蒙兹,巴里·W. 斯塔克.景观设计学:场地规划与设计手册[M].朱强,俞孔坚,王志芳,等译.北京:中国建筑工业出版社,1989:228.

2）景观变化幅度控制

相邻两个景观空间之间的变化幅度和感受时间长度决定了观赏者对其一空间的瞬时感受量。预设 A 为序列中某一空间内部的变化幅度，T 为此空间内部的感受时间，B 为序列中另一个空间相对于前者空间的变化幅度。暂将空间变化幅度较大、感受时间短的情况排除，3 个变量会产生以下 6 种可能：

① A 较小，T 较小，B 较小：瞬时感受很小。
② A 较小，T 较小，B 较大：一定的瞬时感受。
③ A 较小，T 较大，B 较小：瞬时感受很小。
④ A 较小，T 较大，B 较大：较大的瞬时感受。
⑤ A 较大，T 较大，B 较小：瞬时感受很小。
⑥ A 较大，T 较大，B 较大：较大的瞬时感受。

由上可知，当前空间感受时间与变化幅度相对于前者空间的变化较大时，便会产生较大的瞬时感受。在多空间的序列中，空间感受为一个不断累积的过程，感受量与当前空间的变化幅度和感受时间与之前出现的一个或若干个空间的变化幅度和感受时间皆密切关联。

7.3　建筑群体布局

建筑群体布局的控制引导是对由建筑实体围合成的城市空间环境及其周边其他环境提出控制要求与方法，主要体现在对建筑组群组合方式的设计控制。从视觉景观角度控制"城-景"边界区域建筑群体与风景资源，延续历史脉络，合理组织建筑群体布局形态，保持"自城观景"与"自景观城"的视觉联系性，避免形成"墙"式界面形态，亦同时控制建筑群体的空间开敞度。基于对建筑组群与风景关联优秀案例的分析解读，提炼出以下几种布局方法，包括散点式布局、轴线式布局、组合式布局。

7.3.1　散点式布局

散点式布局建筑群体通常密度较低，建筑自然散布于"城-景"边界区域，相互之间无视线遮挡，建筑群体量化整为零，往往独自成景，彼此之间交错相通，皆与景区产生了良好的视线连通（图 7-20）。西湖十景的"曲院风荷""花港观鱼"是根据水岸线散点布置的建筑组群，成为分布相对集中与人流相对密集的建筑群体的一种调节和补充措施（图 7-21）。

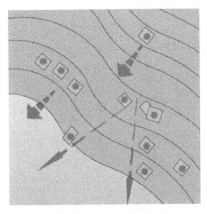 

图 7-20 散点式布局示意图　　图 7-21 杭州西湖景区"花港观鱼"建筑组群

7.3.2 轴线式布局

"城-景"边界区域具有线性特征,尤其以水体为主的边界区域,建筑群体沿水岸线伸展方向布局,使建筑和景区产生视线连通。轴线布局的方法可细分为线性开敞法和线性封闭法。

(一) 线性开敞法

受到自然条件或道路等外部因素的限制,"城-景"边界区域建筑群体常呈线性开敞布局,群体空间呈现轴向关系(图 7-22),有利于建筑空间与水体的相互渗透。此类线性开敞空间在湖泊型景区和滨海景区中较为常见,如兴城海滨风景名胜区,建筑沿海岸线走向线性展开,建筑单体主立面均面向大海,保持了建筑景观视野的最大化(图 7-23)。

西湖景区的平湖秋月,背靠孤山,面临西湖的外湖,建筑沿湖设置,包括御碑亭、水面平台、四面厅、八角亭、湖天一碧楼等建筑。在一段较为平直的狭长地带结合水岸线,通过三组建筑及其建筑间的植物配置营造整个景观节点。其中四面厅和八角亭直接临水,建筑与水体直接相连,彼此相互渗透;建筑之间通过植物配置来穿插,形成完整的面向湖水展开的开敞空间(图 7-24)。

(二) 线性封闭法

线性封闭法往往与线性开敞法结合运用。建筑群体呈规则形的联排式密集分布,建筑单体之间略有间隔,但总体上呈现线性连续的封闭空间(图 7-25)。此类布局手法多用于"城-景"边界区域的商业街区。在西湖东岸的建筑布局中多次运用线性封闭空间,如平海路和邮电路及附近几个街区,封闭的线性商业空间布局降

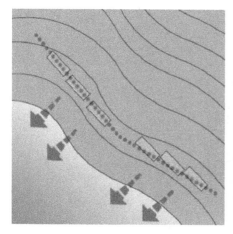
图7-22 线性开敞法示意图

图7-23 兴城海滨风景名胜区

图7-24 平湖秋月线性开敞布局

低了商业建筑对景区环境的过度干扰,同时在多个地点设置景观视廊,将西湖的美景引入城市(图7-26)。

7.3.3 组合式布局

城市化的发展促使"城-景"边界区域逐渐变为城市建设的"黄金地段",建筑群体布局往往呈现出较为集中的趋势,以减少建筑物的占地面积,从而尽可能集中建筑群体的规模和体量,呈现出一种组团式的展开方式。受自然地形的制约,建筑群体空间模式在空间处理上形成组合的特征,如湖泊型景区边界区域局部向心围合的集聚式建筑组群,山岳型风景区边界区域局部高低错落的风景建筑群。在风景区整体层面,建筑组群布局后的整体形态相对于自然风景而言更加集中,建筑组群关系明确。

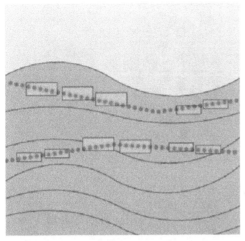

图7-25 线性封闭法示意图

图7-26 西湖东岸商业建筑线性布局

(一)交错组合

交错组合布局指"城-景"边界区域建筑群体布局应以景观均好性为原则,采用交错布置或"V"形布置的方式(图7-27),保证内外视线的通透性,每个建筑单元都面对景观。建筑错动布局可缩短前后楼体的距离,形成错动的退让模式,前后之间避免视线干扰。其外部空间形式与其前后交错的建筑体量使其本身形成了丰富的景观效果,内外空间得以渗透,有效避免了线性群体布局时连续立面形成的闭塞感。

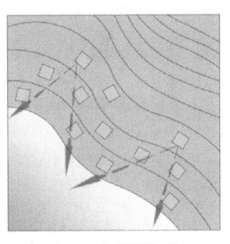

图7-27 "V"形开敞布局

九树山庄位于杭州西湖风景名胜区边界区域,考虑到周边的景观资源,将建筑群体交错布置,为每座建筑创造了最大化的开放空间。从总体上契合了周边环境,单体围合界面的设计考虑通过景观资源的渗透、植物的衬托等来丰富景观层次,实现建筑群体与景观的有机融合(图7-28)。

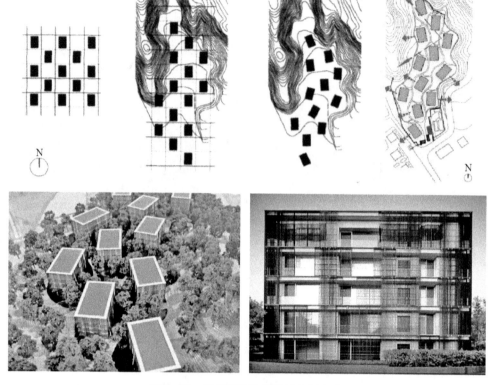

图 7-28　杭州西湖边界区域九树山庄

图片来源：王小玲. 九树山庄，杭州，中国[J]. 世界建筑，2007(5)：72-77.

（二）高低错落

"城-景"边界区域群体布局应保持内建筑圈层与外圈层视线的通透性，可称为前低后高错落布局。对城市空间而言，低矮的建筑既有利于塑造尺度宜人的城市道路空间，实现居住区内外环境的分隔，同时又不会影响城市中高层对景观、通风的要求。靠近山体的高层建筑宜选用点式布局，保证区域内部环境向外部山体的渗透性。

杭州西湖景区边界的北山路有千百年的历史，沉淀了丰富的历史文化，其依托西湖山水风景形成了丰富而具有特色的历史环境，较完整地体现了其历史传统风貌和地方特色，线形的建筑群和文化遗迹共同组成了特色风貌区。北山路的沿街建筑群总体上以高低错落的方式与宝石山体及湖面相衔接嵌套（图 7-29）。

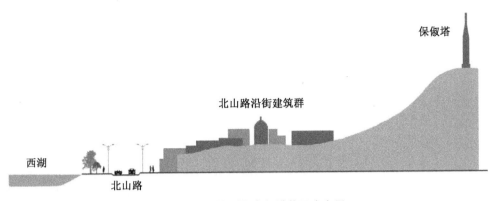

图7-29 建筑群体高低错落层次布局

土耳其西南海岸博德鲁姆半岛别墅区的建筑群体依附山体地势而建,采取高低错落的布局形式,均可观赏到海滨景观。建筑形式上也保持了山体景观独特的体块组合,运用了大面积木质和绿色的平台、屋面,下层空间屋面形成上层住户露台,形成依坡地走向的立体绿化和特定景观(图7-30)。

图7-30 Hebil 157 house 土耳其西南海岸博德鲁姆半岛别墅区建筑群体
图片来源:www.gooood.hk

对于城市型风景名胜区而言,边界区域视觉景观控制是景区与城市规划工作的重要内容,直接影响其景观品质、游客体验与人居环境质量等。中观尺度关注空间布局,将边界空间划分为点(观景点)、线(路径序列)、面(建筑组群)3个层次。为解决边界区域观景点缺失问题,本书通过空间句法、GIS三维分析技术、Q分析法进行分析,满足观景点可达、可见的控制要求,拓展视觉景观分析理论在风景区规划设计中的应用范畴,对于优化风景区保护与城市开发的关系具有现实意义。

在景观空间序列组织层面，从视觉感受出发，探讨步行条件下的动态空间序列环境与人们主观感受之间的联系。基于对景观空间序列从物质实体层面和精神感受层面的分析限定，将景观空间序列组织分解为空间序列组织与时间序列组织，主要采用数理分析与案例总结的方法，为景观规划设计提供相关的指导和建议。建筑群体布局以观赏景区资源最大化为目标，提出散点式、轴线式与组合式的等布局方法。

第八章

"城-景"边界区域视觉景观形式微观控制

"城-景"边界区域视觉景观形式微观控制与人的行为关系更为紧密。本书基于10个城市型风景名胜区边界区域邻接要素的总结，将边界区域分为两种类型：与建筑相接的边界空间；与开放空间相接的边界空间。首先，此分类是丰富边界区域内涵和探讨场所意义的基础；其次，这一尺度的景观空间与人的活动紧密相关，对人的空间感受和空间利用均产生深刻影响；此外，此分类有利于进行下一步的景观要素划分，是探讨要素之间的相互联系的基础，可指导具体边界区域视觉景观形式控制。

8.1 微观视觉景观形式控制策略

城市与风景名胜区的关系类似于格式塔心理学中的"图-底"关系[①]，将空间转化为图形进行"图-底"的正反两个视角分析，能够从多方位理解城市与景区之间的关系。倘若将由界面围合的风景区看作"图-底"关系中的图，将边界之外的城市空间看作底，人们往往认定围合的内部空间才是空间，之外的空间则作为背景存在，剥离了空间之间的依附关系，实际上这两类空间是相互依存且可以互为转化的辩证关系。因此，须从边界开始，由内而外或由外而内突破空间阻隔，建立起两者某种合作对话的姿态。就整体而言，运用的策略可以概括为"消解与交融""阻隔与屏障"。

8.1.1 消解与交融

消解使城市与风景名胜区相互转化、融为一体，形成具有模糊性和连续性的边界区域，多种空间相互交融形成一个新的具有逻辑秩序的场所。消解作为一种视觉景

---

① 第一个对"图-底"之间的转换关系进行系统研究的人是鲁宾，之后该研究理论被丹麦建筑学者拉斯姆森引入建筑领域，他认为这一理论对分析建筑与景观具有重要意义。

观微观尺度的控制策略,使"城-景"边界区域作为物性的存在而不易被察觉,通过一定的控制手法来削弱城市人工环境的存在感与体量感,使边界轮廓变得模糊。"城-景"边界区域的消解实际上是城市与景区的有机相觑,是自然环境浸入城市环境的体现。

交融的字面意义是两个或更多的不同物质连接为一体、交汇融合的过程。对于"城-景"边界区域视觉景观而言,则是城市与景区相互补充、协同甚至进行一体化设计。城市以景区为背景,最终融入其中,成为风景区的组成部分。同时表现的是城市同景区之间的暧昧关系,通过交融使其成为相互依赖不可分离的整体。通过消解与交融,模糊城市与风景区之间的边界,形成对环境更有力的控制策略。

8.1.2 阻隔与屏障

阻隔的策略类似于传统园林中的隔景,根据一定的构景意图,借助分隔空间的多种物质技术手段,将景观区域分隔为不同功能和特点的观赏区和观赏点,以避免相互之间的过多干扰。阻隔有实隔、虚隔和虚实并用等处理方式,以实墙、地形等分隔空间为实隔,具有完全阻隔视线、限制通过、加强私密性和强化空间领域的作用;以廊、花架、花墙、植被等分隔空间为虚隔,可部分通透视线,但人的活动受到一定的限制,相邻空间景色有相互补充和流通的延伸感。在多数情况下,采用虚实并用的阻隔方式可丰富景观层次,使观赏者获得景色多变的视觉感受。

屏障是通过抑制视线引导观赏者视线发生改变和空间方向转变的屏障物,以达到"山重水复疑无路,柳暗花明又一村"的视觉体验。形成屏障的视点位置包括两方面因素:其一是视点线路的弯曲,其二是视点线路的遮挡。对不利的环境因素巧妙地进行掩盖处理在古典园林中屡见不鲜,可利用地形、植被等景观实体要素对视觉污染进行视线遮挡。"城-景"边界区域视觉景观利用阻隔与屏障的策略屏蔽外界的不良景观,也可以帮助形成良好的视轴,使风景资源的美学价值得以共享。

8.2 "城-景"边界区域建筑形式控制

在当代语境下,理想的建筑应融于自然,成为环境中的有机组成部分。在农耕文明时期,可以从传统的地域建筑中发现建筑与景观高度协调统一,然而近代文明促使学科细化,使得原本统一的整体学科分道扬镳[1]。对建筑的思考不应再局限于建筑的物质性,而是将建筑作为整体景观的组成部分。

---

[1] 孔宇航.非线性有机建筑[M].北京:中国建筑工业出版社,2011:40.

黑川纪章倡导共生哲学，强调建筑与自然共生、内部与外部共生以及人与自然共生等诸多方面，涵盖了时间、地点、意识、形式、材料等一切他认为可能存在的物质及非物质要素，并通过消解各事物之间的对峙状态来探寻一种相互共存的平衡。在建筑师让·努维尔、多米尼克·佩罗、妹岛和世、藤本壮介的建筑作品中，常常呈现给人们一种模糊、消隐、暧昧的姿态。隈研吾通过材料将主体建筑与客体景观融合统一，使建筑消融在景观之中，通过自己的建筑实践告诉世人，让建筑消失就是让建筑回归到自然环境中。这些现象都存在一种共性，似乎已由独立于自然和标志性的形态转向消隐于景观环境的不断追求。因此，在"城-景"边界区域的建筑空间形式应与风景区融合而非凸显，建筑作为城市与风景区接触的部分，是沟通城市与自然的一种物质系统，也是区分城市与风景区的交接部分，其存在必然会限定景区与城市（图 8-1）。

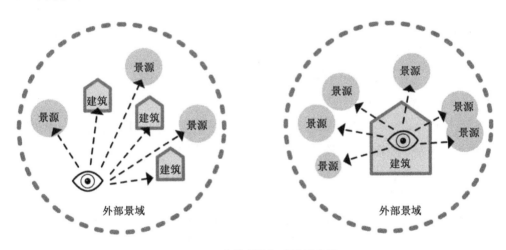

图 8-1　建筑观景与成景示意图

8.2.1　建筑观景设计

建筑形式的控制方法分为由内而外和由外而内，正如建筑师阿瑟·埃里克森（Arthur Erickson）所说："我认为建筑设计不是建筑师的想象，而是其目的和环境这两个条件的必然结果。在我看来，它们像是两个相对的力量，一个通过设计要求由内而外影响它的形式，另一个则通过环境由外而内对它进行塑造。"[①]由内而外的控制方法，关注人在建筑内部观赏风景区的视觉需求，既注重建筑内部

---

① 钟佳. 加拿大建筑师：阿瑟·埃里克森[J]. 世界建筑，1983(5)：50.

的功能,又强调建筑与景区风景的空间逻辑。在秩序逻辑的影响下,建筑的形体、比例、尺度等各类要素与景区有机融合,进一步完善城市建筑与景区的整体感觉。视觉景观控制以人在建筑内部的视觉需求为切入点,通过视觉语义中如视角、视点、视距等分析组织建筑观景形式,利用方向、对景、框景或空间的功能,使建筑与风景进行有机对话。视觉观察分为静态观景和动态观景,其中静态观景又分为限制视线界面以及非限制视线界面两种。针对不同视觉感知,提出以下三种控制方法:视线预设、视线导向、视线开敞,实际操作中可根据实际情况进行组合应用(图8-2)。

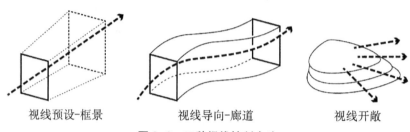

视线预设-框景　　视线导向-廊道　　视线开敞

图8-2　三种视线控制方法

(一) 视线预设型

视线预设指通过对景区景源方向以及景源价值的预判,利用空间遮挡视线使观赏者的视点聚焦在预先限定好的区域。这种方法将建筑空间视为"取景器",将有价值的景观资源分割成片段景观,让观赏者在建筑内部得到"如画"般的视觉体验,类似于传统造园手法中的"框景"。建筑开窗尺度控制和空间形式把握根据观景主体的视域范围而定,能有效提升视觉景观质量和观赏效率。现阶段边界区域的建筑形式缺乏对风景资源的有效分析与阅读,可通过形式各异的景框获得视觉信息并加以处理,秉承的原则是"嘉则收之,俗则屏之",通过视线预设法捕捉景观资源,调动观赏者的视觉参与性。

标准营造工作室设计的林芝尼洋河谷接待站位于西藏林芝达则村,紧邻公路,是通往峡谷景区的起点。重点解决建筑如何与当地环境紧密结合以及如何避免由于公路建设带来的山、水割裂问题。建筑师通过视线预设法将外部景观融入建筑内部(图8-3、图8-4)。

游客中心通过减法形成体量,设计师用不规则几何体与环境对话,通过大小两个体量呼应横穿的公路。根据场地环境情况,设置不同大小方向的"景框",将其介入体块中,形成新的体量(图8-5)。

第八章 "城-景"边界区域视觉景观形式微观控制

图8-3 林芝尼洋河谷接待站

图片来源：林芝尼洋河谷游客接待站，西藏，中国[J]．世界建筑，2010(3)：106-111．

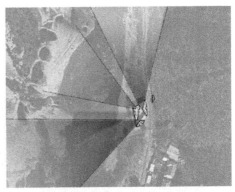

图8-4 建筑与环境的视线关系

图片来源：孔宇航．建筑剖切的艺术[M]．南京：江苏人民出版社，2013：104．

图8-5 接待站体量模型分析

图片来源：林芝尼洋河谷游客接待站，西藏，中国[J]．世界建筑，2010(3)：106-111．

视线预设的方法拓展了"窗"的定义，将建筑界面作为景框，形成观景空间，并通过材质处理强调景框的"轻盈感"。位于多夫勒山脉（Dovrefjell）国家公园游客观景中心，建筑整个立面作为完整的"景框"，同时"切割"出类似于地形的内部空间，便于观赏者观景（图8-6）。

希腊雅典卫城新博物馆从视线预设的角度控制建筑形式，观景点和景观点的角色互换，形成"看与被看"的视觉效果。视线预设法将景观引入建筑内部，提高了景观资源的观赏性（图8-7、图8-8、图8-9、图8-10）。新博物馆主体部分由"底座"和"屋盖"构成。底座沿周边的街道占满整个场地，高度和立面的比例与周围街区保持和谐。"底座"上部掀起一块巨大的方形屋盖，扭转的角度正对卫城，其上扬的形体延续着卫城的山势。在"屋盖"部分，建筑师在正对卫城的位置上设置了景框，整个卫城及其山体被一览无余地收入博物馆，同时卫城本身也成为新建博物馆中最重要的展品。展览大厅中的大型台阶为观赏者观赏卫城提供了多层次的视

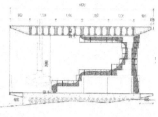

图 8-6 Dovrefjell 国家公园游客观景中心设计

图片来源：http://ad009cdnb.archdaily.net/

点。雅典卫城新博物馆通过视线预设的方法将建筑的整体形态侵入卫城的山体构造和地形肌理中，使建筑与景观融为一体。

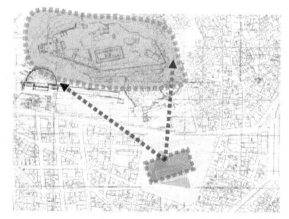

图 8-7 雅典卫城与新博物馆鸟瞰图

图片来源：伯纳德·屈米建筑师事务所.新雅典卫城博物馆[J].城市建筑,2009(9):41-44.

图 8-8 从雅典卫城与新博物馆对位关系

图8-9 从雅典卫城眺望新博物馆　　　　图8-10 从新博物馆观赏卫城

图片来源：伯纳德·屈米建筑师事务所.新雅典卫城博物馆[J].城市建筑，2009(9)：41-44.

图片来源：伯纳德·屈米建筑师事务所.新雅典卫城博物馆[J].城市建筑，2009(9)：41-44.

王维仁设计的杭州西溪艺术村N地块建筑，若干"观景器"高低错落、上下交织，形成了围合程度不同的观景空间，为观赏者提供了多种观看方式（图8-11）。

图8-11 杭州西溪艺术村

图片来源：王维仁建筑设计研究室.杭州西溪湿地艺术村N地块[J].城市环境设计，2011(9)：94-107.（右图作者自绘）

（二）视线导向型

视线预设的控制方法摒弃了时间因素，带给观赏者静态的视觉体验，而动态的视觉景观将景观赋予时间属性。观赏主体在行走过程中，将不同的景观片段进行整合，形成更加完整的动态体验。为了在视域范围内营造"运动的，方向性的，动态的张力"，可以通过视觉导向的控制方法来完成。漫步建筑中，将观景体验赋予时间维度，使观景行为更具偶然性和趣味性。布尔迪厄（P. Bourdieu）认为"身体与空间和时间有结构组织之间的辩证关系正是出于这样的体验，才造成了感知、思想和行动计划"，证明运动是将身体与自然联系在一起的有效途径之一。"运动于自然之间"

将"独立、静态"的景观演化成"混合、动态"景观,成了体验视觉景观最直接的方式。

能够诱导运动的空间由导向空间与驻留空间共同组成。驻留空间指观赏者流速较小,以观景为主的空间;导向空间指观赏者流速较大,以运动为主的空间。导向空间与滞留空间组合,观赏者可以通过多种途径对景观资源进行体验和感受。将视线导向的方法引入建筑空间体系,形成动态观景建筑,让观赏者在建筑内部行走时体验动态的视觉景观。

视线导向型空间在笛卡尔坐标系中可以通过 x、y、z 三轴控制。当 x、y 控制轴的尺度相差较大时,空间呈线性,具有动态性与引导性。当 x、y 控制轴的尺度逐渐接近时,空间的滞留性逐渐增强,从而削弱了空间的运动性(图 8-12)。

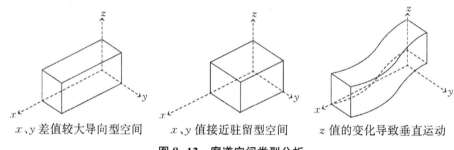

x、y 差值较大导向型空间　　x、y 值接近驻留型空间　　z 值的变化导致垂直运动

图 8-12　廊道空间类型分析

图片来源:南宇川绘制

罗马采石场舞台设计,根据视线导向型的方法沿着位于上行坡和桥梁之间的岩石表面进行设计并与场地紧密结合,使人们在参观中体验动态景观的感受(图 8-13)。

(三)视线开敞型

视线开敞型的控制方法指建筑没有视觉干扰的空间形式,空间具有外向性。"全景开敞"拓展观赏者的视觉界面,人们可以在建筑中"环视、正视、侧视等"将注意力进行无限延展。Unipark Nonntal 学院位于奥地利萨尔茨堡东侧,建筑顶部为观赏者提供了开敞的空间环境,并设置了咖啡吧、休闲座椅,观赏者可以全面地观赏萨尔茨堡、周边城市景观,以及连绵的山体(图 8-14、图 8-15、图 8-16)。

8.2.2　建筑成景形式生成

"城-景"边界区域建筑既有观景的作用,其本身也是景观的一部分,若控制不当则会对城市以及景区均产生消极影响。鲁道夫·阿恩海姆(Rudolf Arnheim)认为视觉感知中存在一种类似于"场"的力,称之为"视觉动力"。"视觉动力"源于人

第八章 "城-景"边界区域视觉景观形式微观控制

图 8-13　罗马采石场舞台设计
图片来源：http://photo.zhulong.com/proj/detail35986.html

图 8-14　从 Unipark Nonntal 屋顶眺望萨尔茨堡

图 8-15　从萨尔茨堡眺望 Unipark Nonntal

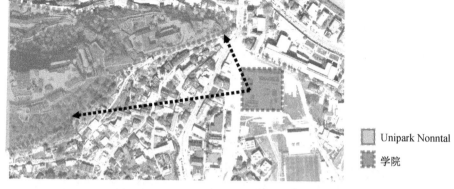

图 8-16　奥地利萨尔茨堡 Unipark Nonntal 学院区位示意

们对生活中"物理力"的视觉反馈。当人们见到不完美的形态时,通过"视觉力"将其完型,事实上形式客观存在,并未发生改变。"视觉动力"的理论基础为"异质同构理论"①,该理论证明人们在认知过程中形成与现实中"物理场"相对应的"视觉场"②。"视觉力"中包含吸引力、排斥力、支持力等,其中"吸引力"是较为积极的力,通过图形之间的关系形成了视觉吸引作用,有利于图形的完整认知。"吸引力"可以通过以下三种关系形成:图形的主从关系、图形的嵌套关系、图形的脱离关系,与之对应的建筑形式处理手法分为层化、嵌入和架空(图 8-17)。

图形主从关系形成视觉引力　图形嵌套关系形成视觉引力　图形脱离关系形成视觉引力

图 8-17　视觉引力形成图解

(一) 层化

"层化处理"指建筑具有多种高程的层状空间,消解横向体量。中国古代"因

---

① 异质同构认为,在外部的物理世界与人内部的心理世界之间必定存在一种对应关系,一旦二者的动力结构达成一致,就有可能激起审美经验,即形成了人与物的"异质同构"。

② 由于视知觉与心理相关,所以整个人的感觉会通过感觉与所见区域形成一个完整的整体,也就是形成了所谓的"心理-物理场"(K.卡夫卡)。

山造室"依据山体的形态走势,建筑依附于其上。清代乾隆御制《塔山四面记》中有所陈述:"室之有高下,犹山之有曲折,水之有波澜。水无波澜不致清,山无曲折不致灵,室无高下不致情,然室不能自为高下,故因山以构室者①,其趣恒佳。"由此可见,在城-景边界区域,应根据景区地形坡度合理控制建筑形式。

柯布西耶认为"建筑物巧妙而又堂而皇之地镶嵌在场地之中,吸收场地之力量,感动着我们②。"尽管现代建筑基于几何学形态构建,但是风景区边界区域建筑的特殊性在于其场所为自然有机形态,本身与抽象理性的几何形态相悖。因此,应将人工几何形态与自然有机形态进行交融,以满足观赏者视觉上的愉悦感与舒适感。

李先逵将建筑与山体的处理手法总结为"坡、掉、错、台、退、吊"等③。本书在其基础上拟用"层化"这一概念加以总结归纳。建筑的方体形态与景区山体产生冲突时,山体有机形态可看作不同截面(等高线截面)在垂直维度上的叠加,将建筑形态进行层化分解并与山体坡面衔接(图 8-18)。

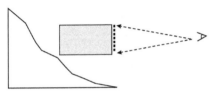 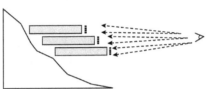

原有体量无法与坡地融合,且空间视觉　　体量层化消解,利于建筑与坡地的融合,
界面过大,影响建筑形式效果　　　　　同时减小了空间视觉界面

图 8-18　体量层化处理分析图

"层化"后的建筑形态依据实际山体转折而变化,缓解了人工与自然形态的矛盾性。从视知觉角度讲,体量层化处理使得视觉焦点不再集中于一个完整的图形,而是分散到不同的子集上,从而降低了建筑的视觉界面④主导性。各个子集以一定的规律排列形成韵律感,提升了视知觉的稳定性和愉悦感。

(二) 嵌入

"嵌入"是一种以不破坏既有环境的物质存在为底线,使建筑个体以谦卑的方

---

① 《中国园林艺术大辞典》"因山构室"为清代皇家园林大规模造山艺术的重要创作思想方法,是将建筑与山有机结合起来,建筑借山势之高下而飞扬,山则借建筑而生气势,达到"状飞动之趣,写真奥之思"的境界。

② 约翰·O.西蒙兹,巴里·W.斯塔克.景观设计学:场地规划与设计手册[M].朱强,俞孔坚,王志芳,等译.北京:中国建筑工业出版社,1989:250.

③ 韩晓庆.浅谈山地建筑[J].山西建筑,2010,36(13):29.

④ "空间视觉界面"是指游人借助视觉所感受的界面。引自:孔少凯.建筑体验[M].天津:天津大学出版社,2013:18.

式融入原有的环境肌理中。通过弱化建筑本身的形态使其与景区融为一体,建筑作为环境肌理的一部分和谐共生。嵌入的方法要求建筑师首先要寻求契合点、介入点,经过一系列设计操作最终使建筑与原址产生共生的状态。建筑因环境而增彩、环境因建筑而生辉,二者共同构建了诗意而有机的整体,使置身其中的使用者能切身体验到建筑与景区的共生关系。

将"城-景"边界区域建筑与风景资源进行有机整合就是将建筑嵌入风景区地形之中。嵌入的核心特征之一是对既有事物的连续性延展,无论这种连续性是同质的还是异质的。建筑以嵌入的姿态介入既有环境中,暗示着人工与自然之间的异质转换,不同元素相互叠加并置形成了景观的丰富性与多样性。对于景观来说,建筑增强了现有系统的复杂性;对于建筑来说,嵌入意味着形式的消解。从视觉景观层面考虑,嵌入的方法缩减了人工体量在视域范围内所占的比重,利用地平线的视线遮挡将形体隐藏在环境之中。当观赏者处于相对平缓的地势时,视线趋于水平,可以看到平坦的土地、背景景观和地平线①。地平线的产生是由于地形不连续性导致了视线断层。地平线具备隐藏事物的能力,这是因为当人们平视的时候,断层使人们的透视被大幅压缩,使建筑隐匿于自然环境中成为可能(图8-19)。

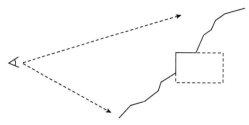 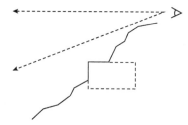

嵌入的手法使得建筑具有较少空间视觉界面,与山体交融　　由于大部分体量嵌入山体,减少被上方视线看到的概率

图8-19　地平线的隐匿性

嵌入处理是对现有建筑学形式操作的一种尝试。建筑形体成为现有地形的拓展和延伸,建筑镶嵌于地质断层之中,如同原始洞穴空间,成为可供观赏景观的空间区域。原始人类所依赖的洞穴形式不确定,随着环境、结构不同而有所区别,内部空间也是随着洞穴的形式变化而拓展或压缩。如今,"嵌入"手法虽不似原始洞穴空间那般随意,却也打破了传统的布扎体系,取消了以功能为主导体系的建筑设计思路,模

---

① 这里所指的地平线不是符号化的天空、大地的交接。事实上,地平线的范围明显更广泛。笔者认为,就像视线一样,地平线也是人们为了更好地描述所见地景而发明的一个抽象概念。

糊了楼板、墙体与屋顶之间的关系。嵌入的手法赋予建筑以新的特性:拓展性和偶然性。拓展性指的是建筑不再具有清晰的边界和体量,与周边环境并不存在明确的边界,建筑的范围变得更加不确定;偶发性指的是建筑不再依靠着严谨的逻辑关系进行操作,嵌入导致建筑本身秩序退化,淡化了建筑自身系统的明晰性。

杭州西湖博物馆是中国第一座湖泊类专题博物馆,该馆东起南山路,西靠西湖,占地面积 22 555 m², 整个建筑大部分嵌入地下,不着痕迹地融入了周围的湖光山色中。西湖博物馆体现了对西湖的最小干预控制原则,整个博物馆建筑分为地上、地下两部分,地上面积控制在 2 000 m²

图 8-20　西湖博物馆新馆

左右,其余大部分都被设置在地下,建筑的最高点距室外地平面在 9 m 以下,而地上裸露的部分被大面积坡状的连续绿地覆盖,与湖滨绿化带自然衔接,使之隐入绿林环境之中(图 8-20)。

利用原有地形特征,将建筑嵌入基地之中,既能使建筑在视知觉上消隐,也可减少土方开挖,节约成本。显露部分以玻璃、钢材等轻质材料构筑,并结合自然元素加以处理。如阿罗尼住宅位于两个交会的山体斜坡之间,场地形成了一个天然的马鞍状空间。建筑以谦卑的方式嵌入场地之中,与环境融为一体,并保持了场地原有可视景观的连续性。在建筑内挖 4 个庭院,将景观资源引入室内,达到建筑景观化的目的(图 8-21)。

(三) 架空

架空的手法是对原有场地的谦让与保护。去掉建筑底层空间的围合限定,削弱传统意义上建筑底部的敦实感,形成有"顶"而无围护的空间,使建筑与外部环境之间呈现过渡区域。一般不用于具体功能,而是引入绿化、水体、休息设施等作为人们的公共活动空间。建筑不再消极应对周边的景观环境,而是如同从环境中生长出来一般,呈现出一种轻盈的状态,为建筑带来了积极的性格。架空的运用为建筑的内外空间带来了丰富的变化,如连接、打断、抽空和退让等。具体到建筑形态上则是为了消解墙体的实体限定,如骑楼。建筑的墙体退到建筑内部空间,取而代之的是柱廊构成的灰空间。

斯蒂文·霍尔设计的深圳万科中心将多个功能体以水平几何形态连接在一起,并将整个建筑底部架空,将场地最大限度地还原给自然。架空的建筑底部界面吸引着人们炎炎夏日在此驻足休憩,获得独特的场所体验。利用架空来消解建筑

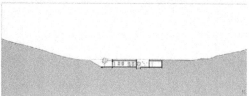

图 8-21　Casa Aloni 风景住宅

图片来源：http://www.designboom.com/architecture/deca-architecture-aloni/

与景观界面的最大好处在于对整个场地的释放，并且带来了一个可供仰视的底部——"第六"立面。建筑架空之后，将水体与绿化引入建筑底部，彩色的建筑底部倒映在宁静的水面；一系列高低起伏的"山体"种满了绿意盎然的野生植物，最大限度地恢复了场地内原有的生态系统。在这里，建筑与景观在保持各自特质的基础上交织融合，创造出一体化的整体环境（图 8-22、图 8-23）。

图 8-22　深圳万科中心底层架空水景　　图 8-23　深圳万科中心底层架空植被

8.2.3　建筑融景材料呈现

（一）覆盖

覆盖是一种由外而内的设计方法，更倾向于建筑与景观之间关系的逻辑性。建筑将其大部分的体量以覆盖的手段加以隐藏，达到对自身存在的削弱，最大限度地减少建筑和人的活动对生态秩序的消极影响。覆盖是限定并形成空间的一种方式,覆盖面积、覆盖使用的材料、封闭或开放都为空间提出了多种可能性。在空间构成的过程中,面的线化、点化可以在完成覆盖、限定内部空间的同时,改变空间的开放度以及空间内外的关系。

  由 Weiss/Manfredi 设计的布鲁克林植物园游客中心坐落在植物园东北角的华盛顿大街上,位于植物园与城市的边界区域,步移景异间,使观赏者感受到从城市景观向自然景观的逐渐过渡。倾斜的斜坡从地面延伸至建筑屋顶,仿佛从地面上生长出来一样,其上覆盖草坪(图 8-24),形成 929 m^2 的绿色屋顶;通过屋顶下的隧道,游客可以坐在长凳上观赏茂盛的屋顶,或爬上小山坡观看植草屋顶和周边的历史建筑。覆盖草坪的屋顶在一年中不断变化,形成动态的观赏体验。建筑以一种低调的方式实现与周边环境的有机对话、共存共融。借助现代建造技术,屋顶轻薄,厚度仿佛消失,建筑通过覆盖植被的策略使形体消融到所处的场所之中。布鲁克林植物园游客中心提供了一个清晰可见的到达点和方向点,一个花园和城市之间、文化与文明之间的交接点,成为城市中宜居的场所。

图 8-24 布鲁克林植物园游客中心
图片来源:http://www.gooood.hk/Visitors-Center-By-HMWhite.htm

(二)透明性

本书中透明性是从物理透明性的角度进行阐释的。透明性材料可以为不同功能空间创造出既联系又分割的空间感知,它是"消失"的围护结构,材料在消隐自身的同时恰恰获得自身特质的显现。换言之,它以其隐匿来达到显现,而隐匿的过程便是显现的状态。

建筑内部的结构空间和活动主体通过透明的玻璃界面与外部景观环境进行视觉对话。"在今天的公共建筑中,室内与室外被分割开来,它们内部的单元要么自我封闭,要么被简单限定。最要紧的是把各部分联系起来。我所力求的透明就是在它们之间建立纽带。"这就是日本建筑师伊东丰雄对透明性的追求。

瑞士洛桑劳力士学习中心体现了妹岛和世提出的"模糊界面"和"消解建筑"的理念,整体建筑结构几乎完全由360°透明的玻璃幕墙构成,将周围景色润浸到内部空间,带来自由开放的感觉,建筑的存在感在不知不觉中消失(图8-25)。

图8-25　瑞士洛桑劳力士学习中心
图片来源:http://www.douban.com/photo/431605939/

(三) 半透明性

与透明性不同,半透明性呈现了某种暧昧与模糊,赋予了透明性以某种质感。这种特质改变了建筑的空间和形式,也改变了建筑与人交流的方式。磨砂玻璃可以弱化空间的视觉限制,消解头脑中对空间内容的认定。半透明材料的暧昧性格模糊了建筑界面,柔化了透明性材料透入的强烈光影效果,塑造了丰富的空间形体变化,使其得到了大范围的运用。格栅、穿孔板等与半透明材料有着相似光学属性的材料同样可以造成消解建筑与风景的界面。此外,将本身不透明的材料通过特殊的加工工艺来消解界面限定。隈研吾设计的新津·知艺术馆(图8-26)通过由传统工艺制作而成的瓦片来阻碍视觉上的通透性,瓦片通过金属丝制造出悬吊在空中的效果,在内部与外部之间制造了最大限度的"延滞"。

图 8-26 新津·知艺术馆

图片来源：隈研吾建筑都市设计事务所. 新津·知艺术馆[J]. 城市环境设计，2012(7)：106-115.

8.3 "城-景"边界区域开放空间形式控制

开放空间是城市中人与人、人与自然进行信息、物质、能量交流的重要场所，它包括绿地、水体、城市的广场和道路等空间[①]。城市型风景名胜区除需考虑内部绿地不受破坏外，还应对与周围城市开放空间进行物理划分。边界区域应具有一定的限定功能，这种限定功能不应像传统封闭的景区一样用栅栏、围墙等进行完全分割，而是利用地形、植物、水体等景观要素进行行为上的控制与引导，通过设置不同高差的景观要素过渡到外部公共空间，结合植物形成天然屏障，提升边界空间的景观品质。

8.3.1 水体的驳岸处理

美国城市设计师哈普林在《城市》一书里对水有这样的描述："水有一种特质，那就是它能唤起人类天性中所深植之原始根源。"当边界区域与水体相接，具有观赏性、生态特征的多重属性空间，在设计中应将水与边界融合，可设置亲水平台延伸到水面之上，或者利用砂石、水生植物、木桩等材料形成能够维持景区生态平衡和空间意境的驳岸。

---

① 余琪. 现代城市开放空间系统建构[J]. 城市规划汇刊，1998(6)：49-56.

法国里昂罗纳河沿岸地形地貌较为特殊,在上游河口区域水面较为开阔,堤岸为自然式驳岸,没有受到任何人工限制,亲水性较好;中下段则与城市空间紧密结合,河道变窄,多采用人工堆筑的驳岸形式。在人工驳岸外侧多采用台阶式的断面处理方式(图8-27)。这种延绵的台阶处理方式不仅使空间得以纵向延伸,形成丰富的视觉通透空间,满足了人们在不同水位状况下的亲水体验需求,同时也能为周围建筑物提供必要的防洪措施。整个景观规划风貌定位为自然式园林风貌,倡导回归自然园林的野趣体验。从整个滨水空间的构成来看,In Situ Architectes Paysagistes 事务所规划的法国里昂罗纳河滨水景观空间层次丰富,体验方式多样。亲水驳岸的处理与水上活动的组织使人们获得丰富的亲水体验;台阶式的处理构筑了不同尺度的空间,结合水体、铺装和植物等景观要素,形成丰富的游览空间或林下休憩空间;大面积的草坪亲切自然,形成清新雅致的交往活动空间;通过绿化等对空间的虚体进行分割,又分割出运动健身的路径体验空间。多种体验空间的结合使得法国里昂罗纳河滨水两岸成为众多市民向往的城市休憩场所。综合以上

图 8-27　法国里昂罗纳河边界景观

图片来源:http://www.360doc.com/content/12/0828/23/10509801_232907228.shtml

分析,法国里昂罗纳河滨水景观规划始终围绕着功能来展开各种景观形态的推理。功能是满足人们体验需求的前提和标准,在满足功能需求的基础上,通过空间虚实分割的处理手法,形成不同形式的小尺度空间,据此注入景观元素和地域特色,建构独具特色的景观形态。

西班牙贝尼多姆海滨长廊由巴塞罗那 OAB 建筑事务所设计,1.5 km 长的西海滨长廊不仅是保护带,而且是连接城市与滨海景区的枢纽。方案构思源自对曲线结构的认识,曲线结构由不同的层面和平台连接起来。该想法并非凭空猜测,而是建立在大量的几何数据之上,并经过调整以使其结构逻辑更加合理(图 8-28)。海滨长廊的方案构思与巴塞罗那植物园的方案有着相似的出发点,但是每个方案都有其各自的特点。海滨长廊的曲线式组织依据严格的几何规范编制,使其在横向和竖向上均可灵活变化,在避免侵入沙地的情况下,形成了大量突出的平台和凹凸相间的整体结构。在这处富有生命力的空间里,设计师运用有机线条,勾起了人们对自然波浪的记忆,并采用蜂窝结构表面有效利用光影。凹凸相间的结构为人们提供了一系列可供娱乐、休闲或冥想的平台。长廊的布局解决了雨水的径流问题,支持雨水收集系统及其他基础设施网络,消除了建筑之间的隔阂,并将地下停车场与海滩联系起来。

图 8-28　西班牙贝尼多姆海滨长廊

图片来源:http://photo.zhulong.com/proj/detail39900.html

8.3.2 地形下沉与升起

下沉与升起是最基本和最直接的改变地形的方法。将地形凸起，运用植物营造半透明界面，消解景区与城市道路生硬的界面，形成良好的过渡；将地形下沉，运用植物作为分隔，避免城市道路带来的污染与不利影响。

贝西公园位于塞纳河岸的巴黎12区西侧的贝西地区，与拉维莱特公园和安德烈·雪铁龙公园并称巴黎三大现代主题公园。设计师在与高速公路相邻的公园边界区域设计了横贯公园的台地，其地高约8 m，宽约15 m。其特点为：① 台地和绿化带的边界空间形式屏蔽了高速公路的噪声干扰，形成了舒适安静的公园氛围；② 台地下停车场、贮藏库、卫生间等服务设施的安排，合理地利用了公园空间的同时，避免了服务设施对公园景观的影响；③ 台地及台地上林荫道的设置为公园提供了俯瞰四周的观景平台。

8.3.3 道路空间的植被营造

街道和道路是一种基本的城市线形开放空间，既承担了交通运输的任务，又为城市居民提供了生活的公共活动场所。相比而言，道路多以交通功能为主，而街道更多的与市民日常生活及步行活动相关。当人们提及对一座城市的印象时，通常与街道有关，如杭州西湖的湖滨路、巴黎的香榭丽舍大街、纽约的第五大道。街道同时综合了道路的功能。从空间角度看，街道两旁一般有沿街界面相对连续的建筑围合，这些建筑与街道成为不可分割的整体。而道路则对空间围合没有特殊要求，道路景观主要与人们在交通工具上的认知感受有关。

城市道路与景区相交的边界形式控制既要形成风景路，也要屏蔽道路上的噪声和尾气的不利影响。同样，可采用地形处理、植物景观营造、景墙布置等方式进行控制。边界区域地形处理方式分为两种：一种是结合挡土墙、台阶、花坛等对地形进行整体抬升或降低；另一种为自然地形结合植物配置。在地形处理上，不同高度和坡度的地形可以隔离城市道路的噪声，既阻隔外界环境对景区内部的干扰，也具有景观层次，使"风景"延伸到城市空间。利用植被进行营造的方式可采取层次丰富的密林形式对城市空间进行柔性隔离。景墙的布置可提升边界区域的文化内涵，但由于其厚度和长度存在局限性，且单独布置较为生硬，因此不宜过多使用（图8-29、表8-1）。

第八章 "城-景"边界区域视觉景观形式微观控制

图 8-29 景墙的设置

图片来源：http://www.gooood.hk/category/type/landscape

表 8-1 城市道路与景区相交的边界形式控制

形式	剖面示意图	说明
与道路相接的边界空间	景区　道路　城市	将地形下沉，运用植物作为分隔避免城市道路带来的污染与不利影响
	景区　道路　城市	将地形凸起，运用植物营造半透明界面，消解景区与城市道路生硬的界面，形成良好的过渡

（续表）

形式	剖面示意图	说明
与建筑相接的边界空间	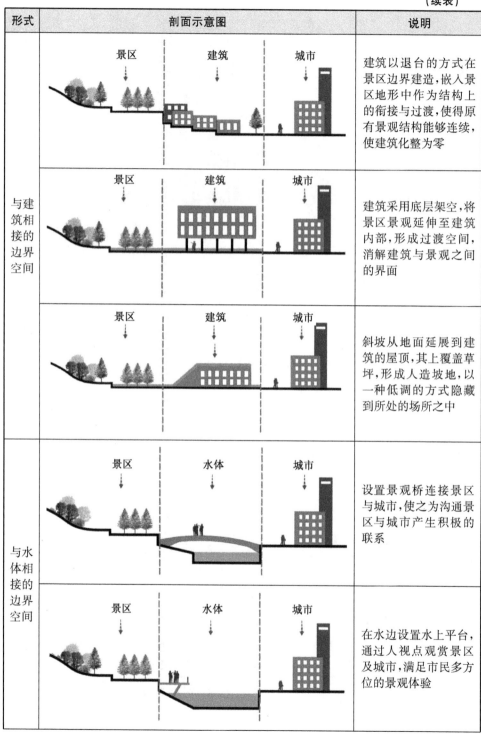	建筑以退台的方式在景区边界建造，嵌入景区地形中作为结构上的衔接与过渡，使得原有景观结构能够连续，使建筑化整为零
		建筑采用底层架空，将景区景观延伸至建筑内部，形成过渡空间，消解建筑与景观之间的界面
		斜坡从地面延展到建筑的屋顶，其上覆盖草坪，形成人造坡地，以一种低调的方式隐藏到所处的场所之中
与水体相接的边界空间		设置景观桥连接景区与城市，使之为沟通景区与城市产生积极的联系
		在水边设置水上平台，通过人视点观赏景区及城市，满足市民多方位的景观体验

(续表)

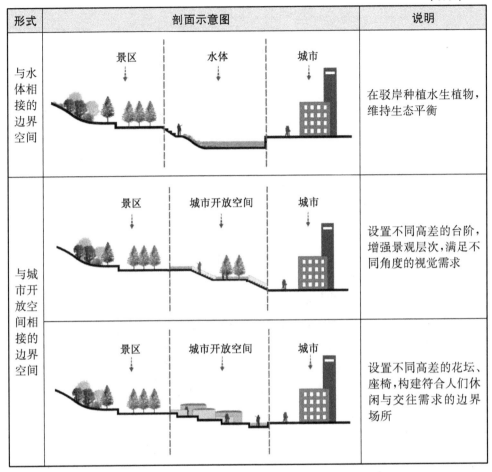

形式	剖面示意图	说明
与水体相接的边界空间		在驳岸种植水生植物,维持生态平衡
与城市开放空间相接的边界空间		设置不同高差的台阶,增强景观层次,满足不同角度的视觉需求
与城市开放空间相接的边界空间		设置不同高差的花坛、座椅,构建符合人们休闲与交往需求的边界场所

  微观尺度强调行为主体在边界区域行走时的视觉体验,根据不同地理特征(山岳、平原、水体)选取典型地带进行开放空间的景观层次、建筑形式体量的控制,实现自然风景向城市空间的过渡,提升城市景观品质。基于10个城市型风景名胜区边界邻接要素的总结,将边界区域分为两种类型:与建筑相接的边界区域和与开放空间相接的边界区域。其中开放空间又分为与城市道路相接的边界区域、与水体相接的边界区域、与城市绿地系统相接的边界区域。研究通过图解分析与案例解析提出边界区域形式的控制策略,即消解与交融、隔离与屏障。建筑形式控制策略从建筑观景的视觉思考(包括视线预设、框景)、建筑成景的形式操作(嵌入、覆盖、架空、层化)、建筑融景的材料呈现(透明与半透明、地域材料)等三个方面进行总结。开放空间形式主要通过水体驳岸的处理、地形下沉与升起、道路空间的植被营造等方法进行控制。

结　语

　　城市风景名胜区边界区域是"风景名胜区"与所属"城市"分界的区域,包括紧邻风景区边界内的区域与风景区边界外的区域。前者是风景名胜区总体规划中的控制范围,后者属于城市规划范畴,具有一定宽度,介于风景区与城市的过渡地带,受到城市经济社会发展的直接影响,在复杂的内外力共同作用下,其土地利用、居民点发展、视觉景观等方面城市化倾向比较明显。

　　"城-景"边界区域视觉景观评价主要包括视觉景观质量评价和视觉景观影响评价。其中视觉景观质量评价指观赏者通过视知觉等途径对"城-景"边界区域视觉景观的外在形式与功能属性进行价值判断。视觉影响评价的实质则是分析原本相对协调的景区环境受负面实体因素介入的影响程度。视觉景观影响评价也是环境影响评价的重要组成部分,目的是防止景观的人为破坏,保证景观可持续利用。通过视觉景观质量评价和视觉景观影响评价建立"城-景"边界区域视觉景观评价体系,为视觉景观控制提供了科学依据。

　　视觉景观质量评价基于心理物理学理论,运用"SBE-SD"综合评价法,结合SPSS统计分析法建立了视觉景观美景度与景观特征的关系模型。视觉影响评价运用 GIS 三维模拟技术结合专家评价法对"城-景"边界区域拟建项目进行视觉相容性评价,根据评价标准划分等级,从而完成"城-景"边界区域的视觉影响评价。

　　在视觉景观控制阶段,宏观尺度关注"城-景"边界区域整体形态,通过眺望控制法、数理分析结合 GIS 三维分析技术对天际线、建筑高度、景观视廊进行控制,保护风景区的视觉体验。天际线上局部制高点、局部低点及其相互位置关系是天际线轮廓曲折度的关键控制点。通过 GIS 表面分析,对边界区域每一个景观层次空间范围内的可视建筑物个数和可视面积在观赏者视野中占据的比例来定量控制。在景观视廊控制方面,主要通过:① 开辟道路;② 控制视廊中的建筑高度;③ 消除视廊中可能遮挡视线的障碍物三种方式,实现观赏者在城市共享风景资源。建筑高度控制主要采用眺望控制法,通过确定眺望点和眺望对象,形成建筑高度控制区域,根据现状高程、距离,结合数学模型并通过 GIS 进行测算,得出最终建筑高度控制结论。从中观尺度探讨边界区域的空间布局,主要对观景点布局、路径序列组织、建筑群体布局进行控制,实现城市共享风景资源。观景点布局借鉴马斯洛需求层次理论,将视觉体验需求理解为一种由低级向高级的感知过程,即可达、可见、美观。运用空间句法对观景点进行可达性分析,利用 GIS 对观景点进行视域分析以及对观景点与景源进行通视分析,为景区边界区域观景点布局和路线规划提供了科学依据。景观序列组织主要采用数理分析与案例总结的方法,从空间序列、时间序列两个方面进行控制。建筑群体布局以最大化观赏景区资源为目标,提出散点式、轴线式、组合式等布局方法。在微观尺度层面强调行为主体在边界区域行走时的视觉体验,根据不同地理特征(山岳、平原、水体)选取典型地带进行开放空间、建筑的形式控制,实现自然风景向城市空间的过渡,提升城市景观品质。

  视觉景观并不单纯属于风景美学的范畴。从本书中可见,哲学、心理学、统计学等学科已参与视觉景观研究,而地理学、生态学对视觉景观的影响则更加隐匿而深远。哲学、美学在其中所起的理论根基作用不可替代。心理物理学方法在视觉景观的质量评价和偏好研究中大量应用,使得各种统计分析成为重要的研究方法,基于统计分析法的量化评价提高了研究成果的科学性。地理学、生态学与景观之间关系密切,对景观的模拟实际上是对一系列地理数据的处理过程,研究区域视觉景观的动态变化。"城-景"边界区域生态环境问题的凸显增强了视觉景观研究的紧迫性,研究结果有助于改善和保护生态环境,未来会更加突出生态环境价值基础上的审美性。只有吸取各科之精华进行多角度全方位研究,才能优化"城-景"关联性。

  随着时代背景的改变,城市型风景名胜区边界区域视觉景观将不断变化。边界视觉景观控制在规划结构产生之前,是综合考虑规划可行性和有效性的决策。在规划结构形成后,边界区域视觉景观控制的工作并未终止,而仍经常面临调整,应是不断完善的过程。因此,将视觉景观控制手段运用于规划管理中是一个循序渐进的过程,可从指导新建、改建项目的设计和建设开始,从实践的角度考察视觉景观控制的策略、方法和可行性,量化控制结合定性引导。

  本书借鉴的一系列方法建立在将城市型风景名胜区资源视为人类共同遗产的基础上,从而跟国际风景保护区体系相关理论与实践对接。我国城市型风景名胜区具有特殊性,在快速城市化进程中存在很多不确定因素。基于现实问题的复杂性,需要针对我国风景名胜区条块分割、多头管理的现状提出边界区域视觉景观控制在技术方法层面的具体改进措施。在规划阶段更要注重利益相关方对风景名胜区边界区域控制的意见,在"技术控制"后进一步关注城市型风景名胜区边界区域的公共决策和法律决策的过程。此外,虚拟现实技术在"城-景"边界区域视觉景观控制中具有广泛的应用前景,对景观分析、评价、控制中的普及性具有重要意义。

如果没有完善的边界管理公共政策,边界区域视觉景观控制的成果就会失去意义,这就涉及前期规划和后期监管的关系问题。对于规划学科而言,不同于以往,现在更关注后期的实施、监控、管理等各个环节。在后期监管方面,必须考虑上位规划和区域环境的影响,局限于城市型风景名胜区自身,闭门造车的研究方式很难从根本上解决问题。城市型风景名胜区是我国保护性用地体系的重要组成部分,然而,在声誉方面远远低于世界遗产地,这需要在价值解读方面做出更多的探索。

在人类环境意识日益觉醒的当下,如何使城市人居环境与自然、人文景观环境更加有效地对接,提升人居环境质量?本书试图在视觉景观控制方面进行宏观、中观与微观三个层面的控制,构建符合当代中国景观实践的控制模型,从而进一步优化城市环境,提升风景名胜区的潜在价值。

参考文献

专(译)著：

[1] Hall E T. The hidden dimension[M]. New York：Anchor，Reissue，1990.

[2] Wallraff H G . The role of the visual landscape[M]//In：Avian Navigation：Pigeon Homing as a Paradigm，Springer，Berlin，Heidelberg：156-178.

[3] 谢凝高. 名山・风景・遗产:谢凝高文集[M]. 北京:中华书局,2011.

[4] 国务院法制办农业资源环保法制司,建设部政策法规司,城市建设司. 风景名胜区条例释义[M]. 北京:知识产权出版社,2007.

[5] 贾建中,张国强. 风景规划:《风景名胜区规划规范》实施手册[M]. 北京:中国建筑工业出版社,2003.

[6] 魏民,陈战是. 风景名胜区规划原理[M]. 北京:中国建筑工业出版社,2008.

[7] 邢忠. 边缘区与边缘效应:一个广阔的城乡生态规划视域[M]. 北京:科学出版社,2007.

[8] 张国强,贾建中. 风景规划:《风景名胜区规划规范》实施手册[M]. 北京:中国建筑工业出版社,2003.

[9] 张晓,郑玉歆. 中国自然文化遗产资源管理[M]. 北京:社会科学文献出版社,2001.

[10] 内森・B. 温特斯. 建筑视觉原理:基于建筑概念的视觉思考[M]. 李园,王华敏,译. 北京:中国水利水电出版社,2007.

[11] 刘易斯・芒福德. 城市发展史:起源、演变和前景[M]. 宋俊岭,倪文彦,译. 北京:中国建筑工业出版社,2005.

[12] 郑炘,华晓宁. 山水风景与建筑[M]. 南京:东南大学出版社,2007.

[13] 拉斯姆森. 建筑体验[M]. 刘亚芬,译. 北京:中国建筑工业出版社,1990.

[14] 刘福智,佟裕哲,等. 风景园林建筑设计指导[M]. 北京:机械工业出版社,2007.

[15] 艾伯特・H. 古德. 国家公园游憩设计[M]. 吴承照,等译. 北京:中国建筑工业出版社,2003.

[16] 诺伯舒兹. 场所精神:迈向建筑现象学[M]. 施植明,译. 武汉:华中科技大学出版社,2010.

[17] 黑川纪章. 黑川纪章城市设计的思想与手法[M]. 覃力,等译. 北京:中国建筑工业出版

社,2004.

[18] 罗杰·特兰西克.寻找失落空间:城市设计的理论[M].朱子瑜,等译.北京:中国建筑工业出版社,2008.

[19] 约翰·彭特.美国城市设计指南:西海岸五城市的设计政策与指导[M].庞玥,译.北京:中国建筑工业出版社,2006.

[20] 史蒂文·C.布拉萨.景观美学[M].彭锋,译.北京:北京大学出版社,2008.

[21] 汉斯·罗易德,斯蒂芬·伯拉德.开放空间设计[M].罗娟,雷波,译.北京:中国电力出版社,2007.

[22] 朱文一.空间·符号·城市:一种城市设计理论[M].2版.北京:中国建筑工业出版社,2010.

[23] 埃德蒙·N.培根.城市设计[M].黄富厢,朱琪,译.北京:中国建筑工业出版社,2003.

[24] 扬·盖尔.交往与空间[M].何人可,译.北京:中国建筑工业出版社,2002.

[25] 段进,比尔·希列尔,史蒂文·瑞德,等.空间句法与城市规划[M].南京:东南大学出版社,2007.

[26] 陈宇.城市景观的视觉评价[M].南京:东南大学出版社,2006.

[27] 刘滨谊.城市道路景观规划设计[M].南京:东南大学出版社,2002.

[28] 过伟敏,史明.城市景观形象的视觉设计[M].南京:东南大学出版社,2005.

[29] 西蒙·贝尔.景观的视觉设计要素[M].王文彤,译.北京:中国建筑工业出版社,2004.

[30] 芦原义信.街道的美学[M].尹培桐,译.天津:百花文艺出版社,2006.

[31] 西村幸夫,历史街区研究会.城市风景规划:欧美景观控制方法与实务[M].张松,蔡敦达,译.上海:上海科学技术出版社,2005.

[32] 布伦特·C.布洛林.独具慧眼:解决建筑设计中的视觉问题[M].李丽,译.大连:大连理工大学出版社,2008.

[33] 凯文·林奇.城市意象[M].项秉仁,译.北京:中国建筑工业出版社,1990.

[34] 约翰·O.西蒙兹,巴里·W.斯塔克.景观设计学:场地规划与设计手册[M].朱强,俞孔坚,王志芳,等译.北京:中国建筑工业出版社,1989.

[35] 丁文魁.风景名胜研究[M].上海:同济大学出版社,1988.

[36] 宁海林.阿恩海姆视知觉形式动力理论研究[M].北京:人民出版社,2009.

[37] 比尔·希利尔.空间是机器:建筑组构理论[M].杨滔,张佶,王晓京,译.北京:中国建筑工业出版社,2008.

[38] 伊恩·伦诺克斯·麦克哈格.设计结合自然[M].芮经纬,译.天津:天津大学出版社,2006.

学位论文:

[39] 胡一可.风景名胜区边界认知与划定研究[D].北京:清华大学,2010.

[40] 庄尤波.风景名胜区环境影响评价[D].北京:清华大学,2006.

[41] 杨锐.建立完善中国国家公园和保护区体系的理论与实践研究[D].北京:清华大学,2003.

[42] 史晨暄.世界遗产"突出的普遍价值"评价标准的演变[D].北京:清华大学,2008.

[43] 裘亦书.基于GIS技术的景观视觉质量评价研究:以四川省九寨沟为例[D].上海:上海师范大学,2013.

[44] 汤晓敏.景观视觉环境评价的理论、方法与应用研究:以长江三峡(重庆段)为例[D].上海:复旦大学,2007.

[45] 袁野.城市住区的边界问题研究:以北京为例[D].北京:清华大学,2010.

[46] 姚玉敏.绿化景观的视觉环境质量评价研究[D].南京:南京大学,2011.

[47] 陈勇.风景名胜区发展控制区的演进与规划调控[D].上海:同济大学,2006.

期刊:

[48] Blanco A, Gonzales S, Ramos A. Visual landscape classification in the coastal strip of Santander(Spain)[J]. Coastal Zone Management Journal, 1982, 9(3/4): 271-297.

[49] Ayad Y M. Remote sensing and GIS in modeling visual landscape change: a case study of the northwestern arid coast of Egypt[J]. Landscape and Urban Planning, 2005, 73(4): 307-325.

[50] Lupp G, Konold W, Bastian O. Landscape management and landscape changes towards more naturalness and wilderness: effects on scenic qualities—the case of the Müritz National Park in Germany[J]. Journal for Nature Conservation, 2013, 21(1): 10-21.

[51] Brent C. A route-based visibility analysis for landscape management[J]. Landscape and Urban Planning, 2013, 111: 13-24.

[52] De Vries S, De Groot M, Boers J. Eyesores in sight: Quantifying the impact of man-made elements on the scenic beauty of Dutch landscapes[J]. Landscape and Urban Planning, 2012, 105(1/2): 118-127.

[53] Molina-Ruiz J, Martínez-Sánchez M J, Pérez-Sirvent C, et al. Developing and applying a GIS-assisted approach to evaluate visual impact in wind farms[J]. Renewable Energy, 2011, 36(3): 1125-1132.

[54] Ode Å, Tveit M S, Fry G. Capturing landscape visual character using indicators: touching base with landscape aesthetic theory[J]. Landscape Research, 2008, 33(1): 89-117.

[55] Tsouchlaraki A. The effectiveness of richness, diversity and dominance textural indices when applied on digital ground photographs using a GIS for landscape visual analysis purposes[J]. Geocarto International, 2007, 22(3): 205-217.

[56] Daniel T C. Whither scenic beauty? Visual landscape quality assessment in the 21st century[J]. Landscape and Urban Planning, 2001, 54(1/2/3/4): 267-281.

[57] Dramstad W E. Relationships between visual landscape preferences and map-based

indicators of landscape structure[J]. Landscape and Urban Planning, 2006, 78(4): 465-474.

[58] Tveit M S. Indicators of visual scale as predictors of landscape preference: a comparison between groups[J]. Journal of Environmental Management, 2009, 90(9): 2882-2888.

[59] Daniel T C, Vining J. Methodological Issues in the Assessment of Landscape Quality[M]//Altman I, Wohlwill J F. Behavior and the Natural Environment. Boston, MA: Springer, 1983: 39-84.

[60] Daniel T C, Anderson L M, Schroeder H W, et al. Mapping the scenic beauty of forest landscapes[J]. Leisure Sciences, 1977, 1(1): 35-52.

[61] Daniel T C. Data visualization for decision support in environmental management[J]. Landscape and Urban Planning, 1992, 21(4): 261-263.

[62] Daniel T C. Whither scenic beauty? Visual landscape quality assessment in the 21st century[J]. Landscape and Urban Planning, 2001, 54(1/2/3/4): 267-281.

[63] Daniel T C, Meitner M. Representational validity of landscape visualizations: the effects of graphical realism on perceived scenic beauty of forest vistas[J]. Journal of Environmental Psychology, 2001, 21(1): 61-72.

[64] Daniel T C. Aesthetic preference and ecological sustainability[M]//Forests and landscapes: linking ecology, sustainability and aesthetics. UK: CABI Publishing, 2000: 15-29.

[65] Gobster P H, Nassauer J I, Daniel T C, et al. The shared landscape: what does aesthetics have to do with ecology?[J]. Landscape Ecology, 2007, 22(7): 959-972.

[66] 赵警卫,张莉,吴慧. 视觉景观美感度评价研究现状及展望[J]. 中国园林,2015,31(7): 48-51.

[67] 顾朝林,熊江波. 简论城市边缘区研究[J]. 地理研究,1989,8(3):95-101.

[68] 荣玥芳,郭思维,张云峰. 城市边缘区研究综述[J]. 城市规划学刊,2011(4):93-100.

[69] 林广思. 景观词义的演变与辨析(2)[J]. 中国园林,2006(7):21-25.

[70] 邱茂林,李俊利. 都市天际线量化分析之研究[J]. 台湾:建筑学报,1997(22):63-79.

[71] 韩君伟,董靓. 基于心理物理方法的街道景观视觉评价研究[J]. 中国园林,2015(5): 116-119.

[72] 高源,王建国,杨俊宴. 衔接与深化:从不同层面的城市设计实施对南京东山地区自然资源的保护利用[J]. 中国园林,2014(1):79-83.

[73] 赵烨,王建国. 滨水区城市景观的评价与控制:以杭州西湖东岸城市景观规划为例[J]. 城市规划学刊,2014(4):80-87.

[74] 安超,张文. 我国风景名胜区监管信息系统的开发[J]. 中国园林,2009(10):92-94.

[75] 党安荣,杨锐,刘晓冬. 数字风景名胜区总体框架研究[J]. 中国园林,2005(5):33.

[76] 胡一可,杨锐. 风景名胜区边界认知研究[J]. 中国园林,2011(6):56-60

[77] 贾建中,邓武功.城市风景区研究(一):发展历程与特点[J].中国园林,2007(12):9-14.

[78] 邓武功,贾建中.城市风景区研究(二):与城市协调发展的途径[J].中国园林,2008,24(1):75-80.

[79] 李丽光,何兴元,李秀珍.景观边界影响域研究进展[J].应用生态学报,2006(5):935-938.

[80] 王晓俊.风景资源管理和视觉影响评估方法初探[J].南京林业大学学报(自然科学版),1992(3):70-76.

[81] 吴承照,徐杰.风景名胜区边缘地带的类型与特征[J].中国园林,2005(5):35-38.

[82] 谢凝高.国家风景名胜区功能的发展及其保护利用[J].中国园林,2002(4):3-4.

[83] 俞孔坚.景观敏感度与阈值评价研究[J].地理研究,1991,10(2):38-51.

[84] 祝光耀.更新观念,拓宽思路,加大自然保护力度:第五次世界公园大会给我们的启示[J].生物多样性,2003,11(6):439-440.

[85] 鲁敏,张金芳,范植华,等.基于地形可视性分析的最优路径搜索[J].系统仿真学报,2008,20(10):2601-2605.

[86] 顾红男,郑生.基于可视性图解与视域分析的园林空间造景研究:以重庆市川剧艺术中心为例[J].中国园林,2014,30(9):37-41.

[87] 尹长林,许文强.基于3DGIS的城市规划可视性分析模型研究[J].测绘科学,2011,36(4):142-144.

[88] 阴劼,杨雯,孔中华.基于ArcGIS的传统村落最佳观景路线提取方法:以世界文化遗产:开平碉楼与村落为例[J].规划师,2015,31(1):90-94.

[89] 王建国,杨俊宴,陈宇,等.西湖城市"景—观"互动的规划理论与技术探索[J].城市规划,2013,37(10):15-19.

[90] 胡一可,胡鸿睿,邵迪.基于互动式眺望模型的风景区边缘区建筑高度控制研究[J].中国园林,2014,30(6):22-27.

[91] 王晓俊.论风景旅游资源开发中的视觉影响问题[J].地理学与国土研究,1995(4):50-55.

[92] 李晖.风景评价的灰色聚类:风景资源评价中一种新的量化方法[J].中国园林,2002,18(1):14-16.

[93] 杨建华.旅游活动对景区视觉环境的影响:以嵩山风景区为例[J].人文地理,2008,23(1):111-114.

[94] 裘亦书,高峻,詹起林.山地视觉景观的GIS评价:以广东南昆山国家森林公园为例[J].生态学报,2011,31(4):1009-1020.

[95] 郭益力.风景区视觉形象设计研究:以中山陵风景区视觉形象提升设计为例[J].东南大学学报(哲学社会科学版),2013,15(S2):119-122.

[96] 甘永洪,罗涛,张天海,等.视觉景观主观评价的"客观性"探讨:以武汉市后官湖地区景观美学评价为例[J].人文地理,2013,28(3):58-63.

[97] 李云芸,赵磊,王晓俊.基于视觉原理的水域空间景观分析:以宁波东钱湖为例[J].规划师,

2011,27(11):35-40.
- [98] 杜嵘,唐军.景区规划中视域景观结构的量化分析[J].中国园林,2012(10):46-49.
- [99] 高源,吴晓,强欢欢.动静态观赏条件下视线景观综合评价分析:武夷山国家风景名胜区北入口(赤石旧村片区)景观设计[J].城市规划,2014(8):79-83.
- [100] 张巧,刘洪杰,郑韵怡,等.景观视觉廊道评价初探:以惠州西湖风景名胜区为例[J].广东园林,2010,32(1):5-9.
- [101] 郑韵怡,刘洪杰,张巧,等.风景区夜景视觉廊道评价探讨:以惠州西湖风景名胜区为例[J].广东园林,2010,32(2):9-12.
- [102] 张阳,董小林.公路景观及视觉影响评价方法研究[J].西安公路交通大学学报,1999(4):65-67.
- [103] 钮心毅,宋小冬,陈晨.保护山体背景景观的建筑高度控制方法及其实现技术[J].上海城市规划,2014(5):92-97.
- [104] 钮心毅,徐方.基于视觉影响的建成环境空间开敞度定量评价方法[J].城市规划学刊,2011(1):91-97.
- [105] 章俊华.规划设计学中的调查分析法 16:SD 法[J].中国园林,2004,20(10):54-58.
- [106] 于苏建,袁书琪.基于 SD 法的公园景观综合感知研究:以福州市为例[J].旅游科学,2012,26(5):85-94.
- [107] 齐童,王卫华,王亚娟,等.城市公园视觉景观质量的影响因素分析:以北京市紫竹院公园为例[J].人文地理,2014,29(5):69-74.
- [108] 孙善芳,唐治锋,杨春淮.城市景观的视觉分析与模拟控制方法[J].武汉测绘科技大学学报,1994(3):254-258.
- [109] 曾舒怀.城市设计中视线分析的控制方法与应用研究[J].南方建筑,2009(1):17-20.
- [110] 张霞,朱庆.基于数码城市 GIS 的视觉分析方法[J].国际城市规划,2010,25(1)66-70.
- [111] 袁青,于婷婷,石拓.基于视觉分析的大地景观风貌优化策略[J].规划师,2014,30(12):85-92.
- [112] 埃卡特·兰格,伊泽瑞尔·勒格瓦伊拉,刘滨谊,等.视觉景观研究:回顾与展望[J].中国园林,2012,28(3):5-14.
- [113] 姚玉敏,朱晓东,徐迎碧,等.城市滨水景观的视觉环境质量评价:以合肥市为例[J].生态学报,2012,32(18):5836-5845.
- [114] 刘滨谊,姜允芳.城市景观视觉分析评估与旧区景观环境更新:以厦门市旧城区绿线控制规划为例[J].规划师,2005,21(2)45-47.
- [115] 汤晓敏,王祥荣.景观视觉环境评价:概念、起源与发展[J].上海交通大学学报(农业科学版),2007,25(3):173-179.
- [116] 彭琼,徐燕,叶长盛,等.视觉秩序法在规划设计中的运用:以杭州千岛湖塑湖山庄规划设计为例[J].规划师,2012,28(2):50-54.

[117] 钮心毅,李凯克.基于视觉影响的城市天际线定量分析方法[J].城市规划学刊,2013(3):99-105.

[118] 戴睿,刘滨谊.景观视觉规划设计时空转换的诗境量化[J].中国园林,2013,29(5):11-16.

[119] 帕特里克·米勒,刘滨谊,唐真.从视觉偏好研究:一种理解景观感知的方法[J].中国园林,2013,29(5):22-26.

[120] 刘芳芳,康健,刘松茯.城市景观视觉体验的层级理念探索:以意大利威尼斯为例[J].新建筑,2013(2):139-143.

[121] 刘滨谊,郭佳希.基于风景旷奥理论的视觉感受模型研究:以城市湿地公园为例[J].南方建筑,2014(3):4-9.

[122] 刘滨谊,张亭.基于视觉感受的景观空间序列组织[J].中国园林,2010,26(11):31-35.

[123] 刘滨谊,姜珊.纪念性景观的视觉特征解析[J].中国园林,2012,28(3):22-30.

[124] 何捷.地理设计视角下的视觉景观资源管理实践解读[J].风景园林,2015(3):18-23.

[125] 陈斌.城市特色空间的挖掘与塑造[J].中国园林,2000,16(6):43-46.

[126] 西村幸夫,张松.何谓风景规划[J].中国园林,2006,22(3):18-20.

[127] 许浩.景观规划与法规体系研究[J].建筑师,2005(4):28-31.

[128] 唐礼俊.佘山风景区景观空间格局分析及其规划初探[J].地理学报,1998,53(5):429-437.

[129] 齐童,王亚娟,王卫华.国际视觉景观研究评述[J].地理科学进展,2013,32(6):975-983.

[130] 王瑛,牛沙,马军山,等.西湖风景区山地园林景观序列宏观分析[J].西北林学院学报,2013,28(2):218-221.

[131] 崔云兰,赵佩佩.国内外城市景观控制研究综述及其借鉴意义[J].江苏建筑,2011(5):31-33.

[132] 徐磊青,周峰,吴人韦.山景城市天际线的偏好与景观知觉:建筑高度与视廊数量的影响[J].中国园林,2013,29(10):46-52.

[133] 李汉飞.视线解析在城市设计中的运用:以佛山市新城区规划方案为例[J].规划师,2005,21(7):55-58.

[134] 刘抚英.城市海滨风景区的景观组织[J].新建筑,1996(1):42-44.

[135] 翟明彦,刘华,宋亚程,等.基于自然山体景观显现的视觉分析与高度控制:以南京浦口求雨山地段高度管制研究为例[J].建筑与文化,2014(4):40-45.

[136] 谢晖,周庆华.历史文物古迹保护区外围空间高度控制初探:以西安曲江新区为例[J].城市规划,2014,38(3):60-64.

[137] 彭建东,丁叶,张建召.多维视线分析:人行动态视感分析维度下的高度控制新方法[J].规划师,2015,31(3):57-63.

[138] 王保忠,王保明,何平.景观资源美学评价的理论与方法[J].应用生态学报,2006,17(9):1733-1739.

[139] 吴承照,曹霞.景观资源量化评价的主要方法(模型):综述及比较[J].旅游科学,2005,19(1):32-39.

[140] 俞孔坚.中国自然风景资源管理系统初探[J].中国园林,1987(3):33-37.

[141] 俞孔坚.自然风景质量评价研究:BIB-LCJ审美评判测量法[J].北京林业大学学报,1988,10(2):1-11.

[142] 俞孔坚,吉庆萍.专家与公众景观审美差异研究及对策[J].中国园林,1990,6(2):19-23.

[143] 俞孔坚,李迪华,段铁武.敏感地段的景观安全格局设计及地理信息系统应用:以北京香山滑雪场为例[J].中国园林,2001(1):11-16.

[144] 周锐,李月辉,胡远满,等.基于景观敏感度的森林公园景点评价[J].应用生态学报,2008,19(11):2460-2466.

[145] 姚允龙,吕宪国,佟守正.景观敏感度的理论及其应用意义[J].地理科学进展,2007,26(5):7-64.

[146] 谢晖,周庆华.历史文物古迹保护区外围空间高度控制初探:以西安曲江新区为例[J].城市规划,2014,38(3):60-65.

[147] 陈煊,魏小春.解读英国城市景观控制规划:以伦敦圣保罗大教堂战略性眺望景观为例[J].国际城市规划,2008,23(2):118-123.

[148] 余琪.现代城市开放空间系统建构[J].城市规划汇刊,1998(6):49-56.

[149] 王根生,罗仁朝,徐必胜.城市型风景名胜区规划策略探析:以江苏三山国家重点风景名胜区为例[J].城市规划,2005,29(2):79-82.

[150] 于广志,蒋志刚.自然保护区的缓冲区:模式、功能及规划原则[J].生物多样性,2003,11(3):256-261.

会议论文:

[151] 胡一可,杨锐.风景名胜区边界划定方法研究:以老君山风景名胜区为例[C]//中国风景园林学会.中国风景园林学会2009年会论文集.北京:中国建筑工业出版社,2009:9.

[152] 范榕,刘滨谊.基于AHP法的景观空间视觉吸引评价[C]//中国风景园林学会.中国风景园林学会2014年会论文集(下册).北京:中国建筑工业出版社,2014:5.

[153] 吴承照.城市化工业化冲击下风景名胜区边缘地带保护策略研究[C]//中国城市规划学会.城市规划面对面:2005城市规划年会论文集(下).北京:中国水利水电出版社,2005:7.

[154] 黄耀志,罗曦.历史文化街区景观视觉评价及管控对策研究[C]//住房和城乡建设部、国际风景园林师联合会.中国风景园林学会2010年会论文集(上册).北京:中国建筑工业出版社,2010:3.

[155] 陈煊,魏小春,熊斌.从"眺望"到"环望":街市型历史街区及周边建筑高度控制策略研究[C]//中国城市规划学会.城乡治理与规划改革:2014中国城市规划年会论文集.北京:中

国建筑工业出版社,2014:9.

［156］崔云兰.对风景型滨水城市视觉景观控制的探讨[C]//中国城市规划学会、南京市政府.转型与重构:2011中国城市规划年会论文集.南京:东南大学出版社,2011:7.

其他

［157］国务院.风景名胜区条例[EB/OL].[2023-1-23].https://www.gov.cn/zhengce/2020-12/27/content_5575176.htm.

［158］国家质量技术监督局,中华人民共和国建设部.风景名胜区规划规范 GB 50298—1999[S].北京:中国建筑工业出版社,2000.

［159］香港环境保护署.环境影响评估程序的技术备忘录(附件18):景观及视觉影响评估的指引.[EB/OL].[2022-9-29].http://sc.info.gov.hk/gb/www.epd.gov.hk/eia/tc_chi/legis/memorandum/annex18.html.

附录 A 相关保护机构列表

国际古迹和遗址理事会 International Council on Monuments and Sites (ICOMOS)
联合国教科文组织 United Nations Educational, Scientific, and Cultural Organization (UNESCO)
世界自然保护联盟 The International Union for Conservation of Nature(IUCN)
世界自然基金会 World Wide Fund for Nature (WWF)
海洋利用政府间组织 Intergovernmental oceanographic Commission(IOC)
景观建筑国际联盟 International Federation of Landscape Architects(IFLA)
国际保护地监测中心 The World Conservation Monitoring Centre (WCMC)
世界遗产城市组织 The Organization of World Heritage Cities(OWHC)
国际建筑师联盟 The International Union of Architects(UIA)
文化与遗产国际研究中心 International Centre for Cultural and Heritage Studies (ICCHS)
世界遗产信息网 The World Heritage Information Network(WHIN)
国家公园网 www.gjgy.com/
保护区平台 www.zrbhq.cn

附录 B 视觉景观质量评价问卷

视觉景观评价体系之美景度评价问卷

感谢您在百忙之中参加本问卷调查,您所提供的信息对于我们获得一个客观的视觉景观评价体系十分宝贵,衷心感谢您对城市型风景名胜区边界区域视觉景观发展的关注以及对本次调研工作的支持!

祝您工作顺利、身体健康!

希望您根据幻灯片对以下的景观做出评价(评价结果填入评价反应表),为了保证评价的有效性,请注意以下三点:

(1) 图片下方的阿拉伯数字为图片代码,图片播放顺序与表格中的图片代码顺序一致。每张图片的播放时间为 8 秒。

(2) 每一张照片代表一个视点所看到的风景,想象当您走进其中将会是怎样的一种感受。

(3) 评分标准采用 5 分制,即 -2、-1、0、1、2。数值越大,代表景观美景度越高;数值越小,表示景观美景度越低。请您评分时独立完成,不受他人影响。

最后,请写出您对本次评价的建议,并将评价后的问卷发送至邮箱 28684187@qq.com。

姓名：　　　　　　　性别：　　　　　　　职业：
是否去过西湖：

照片顺序	很不美 (−2)	不美 (−1)	一般 (0)	美 (1)	很美 (2)
1					
2					
3					
4					
5					
6					
7					
8					
9					
10					
…					

建议：
日期：

视觉景观评价体系之景观特征评价问卷

首先感谢您在百忙之中参加本问卷调查，您所提供的信息对于我们获得一个客观的视觉景观评价体系十分宝贵，衷心感谢您对城市型风景名胜区边界区域视觉景观发展的关注以及对本次调研工作的支持！

第一部分：受访者信息

以下开始问卷调查，请在您认为合适的栏内打(√)

性别：□男□女　　　　　您的专业领域：□建筑□规划□景观

您的工作性质：□政府部门□设计院□高校科研机构□建设单位□社会团体

您在该领域的从业时间：□3年以下　□3到5年　□6到10年　□10年以上

第二部分：景观特征评价

为了保证评价的有效性，希望您注意以下三点：

(1) 图片下方的阿拉伯数字为图片代码，共22张，图片播放顺序与您表格中

的图片代码顺序是一致的。每张图片的播放时间为2分钟;

(2)评分标准采用5段式,即-2、-1、0、1、2。0为一般,数值越大或越小则表示越趋近于相应的形容词。请您评分时独立完成,不受他人影响。

(3)每张照片包括的景观要素各不相同,评价时请您填写本张照片中所见的景观要素即可。

最后,请写出您对本次评判试验的建议,谢谢。

指标	形容词	-2	-1	0	1	2	形容词
天际线曲折度 X_1	平缓的						曲折的
天际线层次感 X_2	层次模糊的						层次分明的
天际线韵律感 X_3	韵律感弱						韵律感强
主导要素存在性 X_4	无主导要素						有主导要素
视觉界面绿视率 X_5	绿视率低						绿视率高
重要景源可见性 X_6	不可见						可见
水体可视比例 X_7	水体比例小						水体比例大
建筑尺度协调性 X_8	尺度不协调						尺度协调
空间开敞度 X_9	空间封闭的						空间开敞的
要素丰富度 X_{10}	构景成分单一						构景成分丰富
建筑形式协调性 X_{11}	不协调						协调
植被多样性 X_{12}	植被类型单一						植被类型多样
亲水性 X_{13}	亲水性差						亲水性强